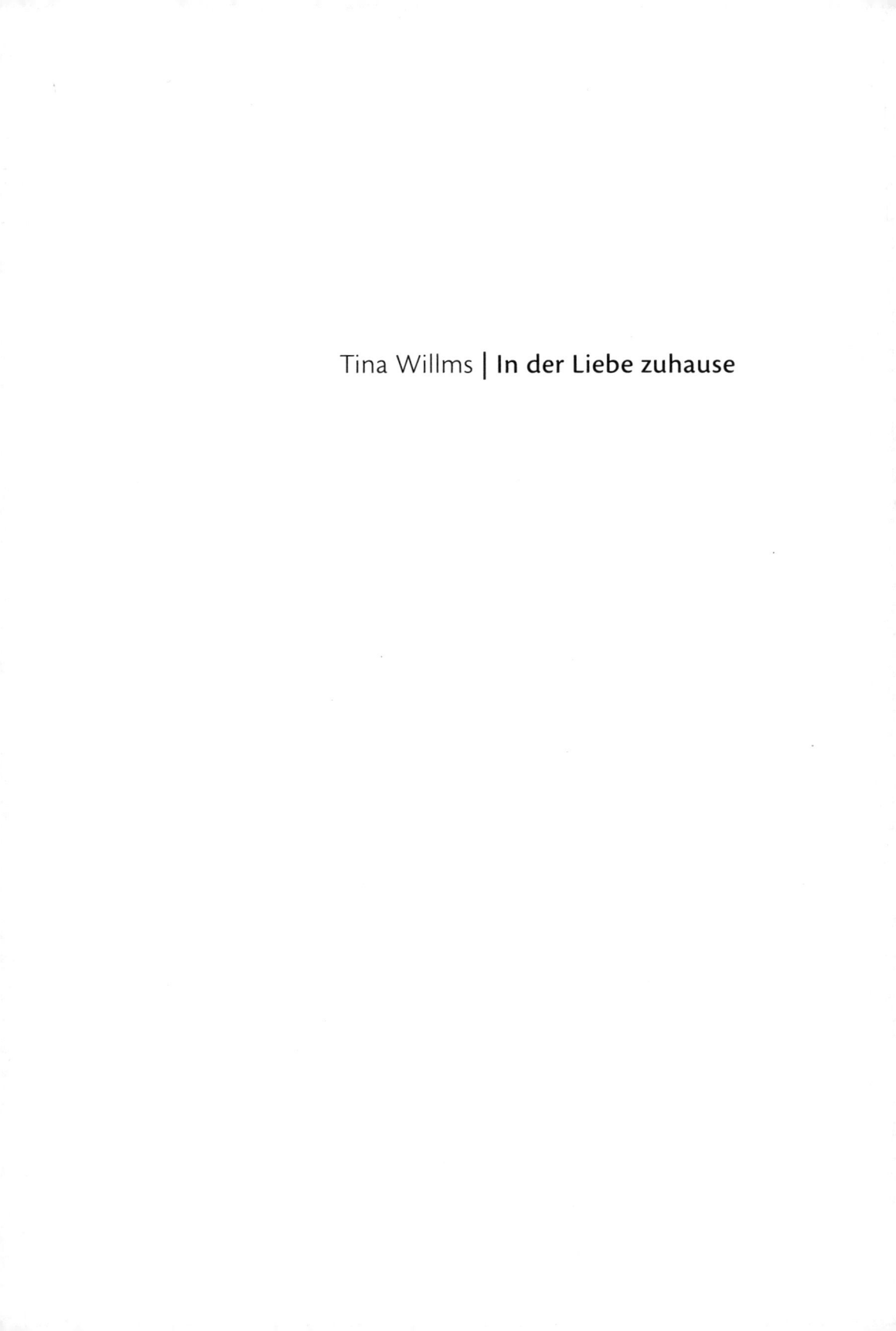

Tina Willms | **In der Liebe zuhause**

Tina Willms

In der Liebe zuhause

Inspirationen zur Jahreslosung
und den Monatssprüchen 2024

Die Rechte der Texte in diesem Buch liegen bei der Autorin.
Bei Interesse an einer Lesung oder Schreibwerkstatt wenden Sie sich bitte direkt an Tina Willms: tina.willms@t-online.de.

Bibliografische Information der Deutschen Nationalbibliothek:
Die Deutsche Nationalbibliothek verzeichnet diese Publikation in der Deutschen Nationalbibliografie; detaillierte bibliografische Daten sind im Internet über http://dnb.d-nb.de abrufbar.

© 2023 Neukirchener Verlagsgesellschaft mbH, Neukirchen-Vluyn
Alle Rechte vorbehalten
Umschlaggestaltung: Agentur 3Kreativ, Essen, unter Verwendung eines Bildes von © Shutterstock/David S. Rose
Lektorat: Viktoria Tersteegen
DTP: Breklumer Print-Service, www.breklumer-print-service.com
Verwendete Schriften: Cronos Pro, Adobe Garamond Pro
Gesamtherstellung: Finidr, s.r.o., Český Těšín
Printed in Czech Republic
ISBN 978-3-7615-6948-1

www.neukirchener-verlage.de

INHALT

Vorwort 9
    Auftakt: An die Zukunft 11

Jahreslosung 2024: Liebevoll leben 13
    Liebe: ein all-umfassendes Projekt 13
    Lieben 16
    366 × 3 17
    Yehudi Menuhin und die Liebe 18
    Gebet: Liebe, kleingemünzt 21
    Engel unterwegs 22
    Segenswunsch: Zuhause in der Liebe 24

JANUAR: Veränderung: Na, klar! 25
    Veränderung: Na, klar! 25
    Gebet: Umfangen 28
    Kleines Manifest 29
    Brüche 31
    Segenswunsch: Sortieren 32
    Jenseits von Eden 33

FEBRUAR:	Besser in Gerechtigkeit	37
	Immer wieder neu	37
	Danke	40
	Ohne Goldwaage	41
	Gebet: Sinn für Gerechtigkeit	43
	Kostbar	44
	Segenswunsch: Neugierig bis zuletzt	45
MÄRZ:	Gegen den Augenschein	47
	Die Christusfigur im Hamelner Münster	47
	Gebet: Vom Tag erzählen	49
	Osterfunken	50
	Osterengel	52
	Hummelflug	53
	Segenswunsch: Auferstehungsaugenblicke	55
APRIL:	Weitreichende Hoffnung	57
	Ins Leben geprägt	57
	Hoffnungsleuchtend	59
	Tagesschau, utopisch	60
	Hoffnungskredit	61
	Gebet: Zu groß	62
	Segenswunsch: Hoffnungshaus	63
MAI:	Zum Guten befreit	65
	Gut gelaufen	65
	Gebet: Gut geleitet	68
	Überholspur	69
	Golden	71
	Sehnsuchtswort, Sehnsuchtsort: Anderswo	72
	Segenswunsch: Kompass	74

JUNI:	Wunder geschehen	75
	Im Nachhinein	75
	Klaviermusik	78
	Gebet: In deinen Worten	80
	Die Schwelle	81
	Sommerspaziergang	82
	Segenswunsch: Sommerliche Schritte	86
JULI:	Wachsam bleiben	87
	Allegro	87
	Glashaus am Hang	88
	Unverwüstlich	91
	Zwischen Schönheit und Schrecken	92
	Gebet: Am Sommerabend	94
	Begegnung und Gelassenheit	95
	Segenswunsch: Dir treu bleiben	97
AUGUST:	Zärtlich und heilsam	99
	Der Zaubergarten	99
	Gebet: Tohuwabohu	101
	Wien statt Venedig	102
	Nach dem Neuanfang	103
	Andante grazioso	104
	Segenswunsch: Blühstreifen	106
SEPTEMBER:	Fern und doch nah	107
	Fern und doch nah	107
	Gebet: Schweigen	110
	Im Dunkeln	111
	Schillernde Wirklichkeit	112
	Sommerpsalm	113
	Segenswunsch: Leuchtender Augenblick	114

OKTOBER:	Alle Morgen neu	115
	Wendepunkt	115
	Gebet: Dank-Adresse	118
	Besonders	119
	Kleine Ewigkeit	120
	Anders gesagt: Erntedank	122
	Segenswunsch: Farbfreudig	123
NOVEMBER:	Heimathafen: Himmel	125
	Stille wird sein	125
	Andere Orte	127
	Gebet: Unterpfand	129
	Vor der Reise	130
	Die weiße Brücke	132
	Segenswunsch: Hoffnungsbilder	133
DEZEMBER:	Auf zum Licht!	135
	Mache dich auf!	135
	Raureif	138
	Kreideengel	139
	Himmlisch	141
	Gebet: Vor Liebe leuchten	142
	Segenswunsch: Mitten im Finstern	143
Quellenverzeichnis		144
	Erwähnte und verwendete Internetseiten	145
	Notizen	146

Vorwort

„Alles, was ihr tut, geschehe in Liebe." Fast klingt es in der Jahreslosung, als sei die Liebe ein Raum, in dem man zuhause sein könnte. Einer, in dem wir zu träumen beginnen, von dem, was werden könnte.
Solche Träume und Räume haben wir nötig in einer Zeit, in der so vieles ins Wanken geraten ist.

Wie können wir Platz für die Liebe schaffen und ihrer leisen Stimme Gehör verleihen gegen das Getöse von Krieg und Gewalt? Wie lassen sich die Türen offen halten für Menschen, die im Traumraum der Liebe leben und die Welt auf sanfte Weise verändern wollen?

Ich möchte ein Gegengewicht setzen, da, wo ich es kann.
Ob es etwas ausrichten wird, weiß ich oft nicht. Die Liebe geht in Vorleistung und wird dabei unterstützt von der Hoffnung auf einen guten Ausgang.

Im Laufe des Schreibens merkte ich, dass viele Texte sich mit Musik beschäftigen. Ob die Musik mit der Liebe verwandt ist?
Was könnte noch unter diesem Dach der Liebe zuhause sein?

Wieder haben viele Menschen mich unterstützt, dieses Buch zu veröffentlichen. Ihnen danke ich von Herzen. Stellvertretend für alle seien einige namentlich genannt:

Meine Schwester Heinke Willms hat wieder einen Gastbeitrag geschrieben; ihr, Birgit Große, Annette Baden-Ratz und Jan-Lukas Willms verdanke ich wertvolle Hinweise zur Überarbeitung des Manuskripts.

Viktoria Tersteegen hat als Lektorin die Entstehung begleitet. Der Verlagsleiterin Ruth Atkinson danke ich, dass sie mich auch in diesem Jahr wieder ermutigt hat, dieses Buch zu schreiben.

Ein liebevolles Jahr 2024 wünsche ich Ihnen, mir, uns.

Hameln, im Februar 2023

Tina Willms

Auftakt: An die Zukunft

Liebe Zukunft, von der ich nicht weiß, wie du aussiehst.
Es gibt Zeiten, da kann ich kaum an dich glauben. Manchmal erscheint es mir unwahrscheinlich, dass es dich gibt. Erst recht nicht für eine Ewigkeit. Ob du in das schauen kannst, was wir Gegenwart nennen? Sollte es so sein, dann weißt du, dass die manchmal entmutigend ist. Ja, vielleicht bekommst du gelegentlich sogar Angst um dich selber?
Ich jedenfalls gebe zu, dass ich zuweilen verzagt bin. Ich weiß nicht, ob ich in dich, liebe Zukunft, Vertrauen setzen kann. Dabei kannst du ja gar nichts dafür.

Manchmal kann Vertrauen wohl nur ein „Trotzdem" sein. Beharrlich mogelt es sich in mein Verzagen. Und fängt einfach an, mit einem behutsamen „Ja" zur Gegenwart. Da, wo sie nah ist und klein und so schön.
Dann höre ich plötzlich das Lied, das eine Nachbarin im Treppenhaus summt. Und sehe im Fensterrahmen den Streifen aus Azur, der zwischen Wolken über den Häusern schwebt.
Jetzt ist heute und ich bin hier. Ein neuer Tag ist da und nun beginnt ein neues Jahr.
Ich nehme mir vor, dem „Trotzdem" einen Raum zu geben in meinen Gedanken. Als ob es ein Brachland sei, aus dem etwas werden könnte, wenn ich beginne, es zu pflegen.

Es könnte ja sein, liebe Zukunft, dass du Vertrauen in mich setzt. Und ich dazu beitragen kann, dass es dich gibt.

JAHRESLOSUNG 2024:
Liebevoll leben

> Alles, was ihr tut, geschehe in Liebe.
> 1. KORINTHER 16, 14 (E)

Liebe: ein all-umfassendes Projekt

Gott ist die Liebe: Das glauben zu dürfen, gehört zu den schönsten Wendungen in meinem Leben. Denn es gab eine Zeit, da haben Menschen mir Angst gemacht mit Gott. Und ich habe geglaubt, was sie erzählten. Von einem Gott, der alles sieht und kontrolliert. Er verlangte von mir, bis in die kleinsten Details hinein „ohne Sünde" zu leben. Alles musste vor ihm bestehen: Taten, Gedanken, Gefühle. Sonst drohten drastische Strafen im Jüngsten Gericht.
Ja, ich hatte Angst vor diesem Gott. Vor allem aber sorgte ich mich um die Menschen, die nicht auf die richtige Weise an ihn glaubten.

Irgendwann begann dieser Glaube zu bröckeln. Wie konnte Gott denn behaupten, er liebe die Menschen, und gleichzeitig so vielen von ihnen ein brutales Gericht ankündigen, in dem sie vernichtet werden würden? Stärker und stärker wurden meine Zweifel.

Zum Glück traf ich Menschen, die auf eine andere Weise glaubten als ich bisher. Sie hörten mir zu und nahmen meine Zweifel ernst. Sie erzählten mir von einem Gott, dessen Name „Liebe" ist.

Wie befreiend war es, die Angst hinter mir lassen zu dürfen! Und Gott zuzutrauen, dass er gnädiger ist, als manchen Menschen lieb ist. Sein Herz ist weiter, als wir uns vorstellen können und sein Wesen ist Liebe. Mein Glaubensbekenntnis, ganz kurz gefasst, ist seitdem dieser Bibelvers:

Gott ist die Liebe, und wer in der Liebe bleibt, der bleibt in Gott und Gott in ihm (1. Johannes 4, 16b (L)).
(Wenige Zeilen darunter dieser: Furcht ist nicht in der Liebe, sondern die vollkommene Liebe treibt die Furcht aus (V. 18a).)

Was für eine schöne Verheißung: Wenn wir in Gott bleiben, so wohnen wir in der Liebe selbst und unserem Leben haftet schon etwas Himmlisches an.

Die Jahreslosung für 2024 variiert diesen Gedanken:

Alles, was ihr tut, geschehe in Liebe. 1. Korinther 16, 14 (E)

Ich höre diese Worte nicht zuerst als Aufforderung, sondern als Einladung: Herzlich willkommen unter dem Dach der Liebe! Dort, wo Gott selbst das Zuhause ist.

In diesem Zuhause – so stelle ich mir vor – gibt es viele Wohnungen. Unterschiedliche Räume sind da, auch Wände, die sie umgeben und begrenzen. Aber niemand lebt abgeschottet und für sich allein. Es gibt Türen, die uns verbinden. Wir können einander besuchen und kennenlernen.

Im Haus der Liebe ist genug Platz für jede:n von uns.

Menschen unterschiedlicher Religionen und Konfessionen wohnen dort. Ja, der Gastgeber nimmt sich selbst so sehr zurück, dass sogar Menschen, die nicht an ihn glauben, willkommen sind.

Und so hat dort eine Ökumene Raum, die, wie ihr Name sagt, „die ganze bewohnte Erde" umfasst. Weltumspannend ist sie und schließt alles ein, was lebendig ist; Menschen und Tiere und Pflanzen.

Im Haus der Liebe gibt es kein Machtgebaren im Namen Gottes. Denn wir wissen, dass niemand die Wahrheit endgültig und für immer hat.
Und so gibt es nur ein Fragen danach, ein gemeinsames Ringen darum. Und manchmal einen Moment, flüchtig und fragil, in dem wir sie in den Händen halten, bevor sie uns und sich selbst neu infrage stellt.

Wichtiger als die Wahrheit zu besitzen, ist es, in der Liebe zu leben.
Unter ihrem eigenen Dach ist sie ein unbestechlicher Prüfstein für das, was wir tun. Denn dort soll alles ihren Namen tragen.

Ich stelle mir vor:
Eine gibt auf die andere acht. Nicht nur in der eigenen Wohnung. Wir fragen, wie es dem Nachbarn geht. Wenn jemand krank ist, kümmern sich die anderen um ihn. Leidet eine, so wird sie besucht. Wir nehmen Rücksicht aufeinander.
Und wir feiern miteinander, wieder und wieder feiern wir die Liebe. Jede:r bringt etwas mit. Unbekannter Geschmack auf der Zunge, fremde, neue Klänge im Ohr. Miteinander essen, singen, tanzen, lachen.

Mag sein, dass es uns nicht immer gelingen wird, in der Liebe zu bleiben. Aber wir können zurückkehren zu ihr, jederzeit, wo immer wir uns befinden.
Die Momente, in denen wir in der Liebe wohnen, sind anrührend schön. Himmlisches haftet an ihnen. Schon heute, auf dieser Erde, in dieser Zeit, in der wir leben.

Lieben

Im Trotzdem wohnen,
dem zugigen Zelt.

Zerbrechlich die Wände.
Unverwundbar der Raum.

Sich wandelndes Zuhause
im Niemandsland.

(Aus: Tina Willms, Momente, die dem Himmel gehören. Gedanken, Gedichte und Gebete für jeden Tag. © 2021 Neukirchener Verlagsgesellschaft mbH, Neukirchen-Vluyn, S. 16.)

366 × 3

Ein Jahr, um in der Liebe zu leben.
Sie wahrnehmen, mit allen Sinnen:
sehen, hören, spüren, riechen, schmecken.

Ein Tagebuch anlegen,
am Abend drei Dinge eintragen,
die in Liebe geschehen sind.

366 Mal fragen:
Wo ist mir die Liebe begegnet?
Wo habe ich sie geschehen lassen?

366 x 3=1098.
So viele Momente,
in Liebe gelebt,
festgehalten auf Papier.

Blättern, erinnern, schauen.
Und am Ende des Jahres fragen:
Hat sich etwas verändert,
in meinem Leben,
in mir?

Yehudi Menuhin und die Liebe

Wunderkind, Jahrhundertgeiger – so wurde der Violinist Yehudi Menuhin genannt. Doch war er nicht nur ein überragender Musiker, sondern auch ein Weltbürger und Humanist.

Das macht eine Episode in der Autobiografie „Mein Leben" von Marcel Reich-Ranicki deutlich.
Marcel Reich Ranicki, zum ersten Mal im Warschauer Getto von der Musik Menuhins verzaubert, erzählt, wie er 1956 den Geiger in Warschau in einem Konzert persönlich erlebt.
Der Konzertsaal ist rappelvoll, an den Seiten stehen Studierende, die sich nur billige Stehplätze leisten können. Als Menuhin die Bühne betritt, wird es still im Saal. Gespannt erwartet das Publikum den ersten Ton.

Doch Menuhin beginnt noch nicht zu spielen. Er bittet die Stehenden, zu ihm auf die Bühne zu kommen und sich dort auf den Boden zu setzen. Inmitten von Hunderten junger Menschen hebt er dann Geige und Bogen und lässt seine Musik erklingen.

Viele Jahre später, 1977, gründet Menuhin die europäische Organisation „Live Music Now". Sein Anliegen ist, Musik zu denen zu bringen, die nicht selber in Konzerte gehen können. Darum vergibt „Live Music Now" Stipendien an Musikstudierende und vermittelt ihnen Auftritte an besonderen Orten. Menuhin selbst holte einst die am Rande Stehenden auf die Bühne. Die Stipendiat:innen von „Live Music Now" bringen heute die Bühne zu denen am Rande.

Operngesang klingt auf den Fluren eines Senior:innenzentrums. Die Sänger:innen erzählen die Geschichte zu den Liedern, die sie singen.
In der Pausenhalle einer Schule spielt ein Quintett. Die Schüler:innen erfahren, wie ein Fagott aussieht und hören zum ersten Mal Klarinette,

Oboe und Horn: Wie unterschiedlich sie klingen und wie gut sie doch zueinander passen.
Auch in Krankenhäusern und Hospizen treten die Studierenden auf. Sie überlegen sich, welche Musik die Menschen dort erreichen und berühren könnte.
Ganz anders sei es, als in einem Konzertsaal zu spielen, so erzählt einer von ihnen in einem Interview.

Yehudi Menuhin war der Ansicht, dass Musik die Welt verändern kann. Marcel Reich-Ranicki bezweifelt das. Selbst die Musik habe nicht verhindern können, dass Auschwitz geschehen konnte, so argumentiert er.

Das stimmt.
Und doch: Musik kann Menschen verzaubern, selbst, wenn sie in schweren Lebenslagen, ja geradezu aussichtslosen Situationen sind. Sogar im Getto geschah das, Marcel Reich-Ranicki hat es selber erlebt.
Und so mag es sein, dass es der Musik nicht möglich ist, Leben zu retten. Leben verändern zum Guten hin: Das aber kann sie.

Darin ist sie verwandt mit der Liebe, scheint mir.
Die ist viel leiser und auch langsamer als Hass und Gewalt. Und so erscheint es manchmal, als hätten die dunklen Mächte die Oberhand über das Leben.

Liebe aber ist subversiv auf die feine Art. Sie lässt sich nicht unterkriegen. Ihr zarter Ton dringt durch und schwingt lange nach. Hoffnung und Schönheit bringt er ins Dasein, mit Klängen, die Menschen berühren.
Liebe macht spürbar, wofür es sich zu leben lohnt, und gibt Kraft, selbst unter widrigen Umständen weiterzumachen. Selbst wenn sie den Tod nicht verhindern kann, so bleibt sie doch da und begleitet uns.

Die Liebe hat viele Spielarten. Musik, die die Welt zum Guten verändert, ist eine davon. Yehudi Menuhin hat mit seiner Geige und mit seinem Leben die Liebe zum Klingen gebracht.

Wenn es von Gott heißt, dass sie selber die Liebe ist (1. Johannes 4, 16), dann scheint mir nicht ausgemacht, dass Hass und Gewalt das letzte Wort beanspruchen können über unser Leben.

(Nach: Marcel Reich-Ranicki, Mein Leben, 9. Auflage, Stuttgart 1999, S. 527ff.; https://www.livemusicnow-berlin.de/yehudimenuhin/, Zugriff am 01.03.2023.)

Gebet: Liebe, kleingemünzt

Wohin mit meiner Liebe?
An manchen Tagen
da ist es, als wolle sie
überfließen in mir.

Ich vertraue sie dem Wind an.
Er trage sie an einen guten Ort.
Ich spiele Klavier für Menschen, die ich mag,
und die Töne klingen weich und warm.

Draußen sehe ich Rosen blühen
und rieche einen betörenden Duft.
Später lächle ich fremden Menschen zu
und sage an der Kasse ein freundliches Wort.

Wie gut es tut,
die Liebe zu spüren.
Auch wenn sie kleingemünzt ist,
glänzt sie und klingt so gut.

Lass meine Liebe nicht ins Leere gehen.
Lass sie einen Ort finden,
wo sie wachsen und werden kann,
wie du sie meinst.

Engel unterwegs

Hauptbahnhof Hannover, Gleis 8. Gleich wird der Zug abfahren in Richtung Bremen.
Im letzten Moment steigt eine Frau ein. Schwer atmend stellt sie ihre Tasche ab und fragt: „Kann mir mal jemand ein Handy leihen? Bei meinem ist die SIM-Karte gesperrt und ich muss dringend telefonieren!" Hektisch schaut sie sich um.
Der junge Mann, der mir gegenübersitzt, öffnet seine Aktentasche und reicht ihr sein Smartphone.
Sie stellt ihre Tasche bei mir ab und setzt sich selbst neben ihn. Dann telefoniert sie.

Zuerst mit dem Arbeitgeber.
Dann mit dem Anbieter.
Dann mit Christian.

Mal aufgeregt, dann aggressiv, dann weinerlich. Und wir hören mit.
Sie fasst sich keineswegs kurz. Geschlagene 45 Minuten telefoniert sie mit dem Handy eines ihr unbekannten Mannes, wie sie mehrfach gegenüber ihren Gesprächspartnern betont. Am Ende jedes Anrufs bedankt sie sich. Immerhin.

Fünfzehn Minuten Fahrt bleiben noch. Der junge Mann in Anzug und Krawatte und die aufgelöste Frau geben ein seltsames Bild ab. Als sie ihm das Handy zurückgibt, fragt er, was denn passiert sei.
Dann erklärt er ihr, was mit der SIM-Karte sein könnte, dass ihre WhatsApp-Verläufe nicht verloren gehen, und dass sie ihre alte Nummer behalten kann, falls sie ein neues Handy braucht. Mit einer Engelsgeduld beantwortet er alle ihre Fragen. Zwischendrin schaut er zu mir und lächelt. Er hat einen dunklen Haarschopf und einen feinen Silberblick. Ich lächele zurück.

Wir sind in Bremen, mit Verspätung. Ich muss einen Anschlusszug bekommen, so haste ich den Bahnsteig entlang, die Treppen hinunter und wieder hinauf. Noch völlig außer Atem treffe ich den jungen Mann auf dem Nachbargleis wieder. Wir steigen in den abfahrbereiten Zug.

„Sie haben ja eine Engelsgeduld", sage ich. Er lacht. „Das passt zu meinem Nachnamen", meint er. „Heißen Sie Engel?", frage ich. „Ja", antwortet er. „Tatsächlich", sage ich, „das passt". Er lacht noch einmal und geht in die andere Richtung davon.

Als ich in Oldenburg noch einmal umsteigen muss, steht er wieder da. Wieder steigen wir in denselben Zug, diesmal setzten wir uns nebeneinander und stellen fest, dass wir dasselbe Ziel haben. Eine Tagungsstätte. Ich will zu einem Seminar, genau dort, wo er in zwei Stunden ein Vorstellungsgespräch hat.

„Ich würde ihn einstellen", denke ich. „Einen Engel im Team: Was wünscht man sich mehr?"

Segenswunsch: Zuhause in der Liebe

Zuhause in der Liebe zu sein,
das wünsche ich dir.

Du bist willkommen, jederzeit.
Hier warten Wärme und Licht.

Von den Schultern fällt,
was dich bedrückt und bitter macht.

Ausruhen darfst du,
bis neue Kräfte in dir wachsen.

Die Liebe überdauert Raum und Zeit.
Und bleibt dein Zuhause immerdar.

Denn die Liebe geht niemals aus.

Gedanken Gott ist Liebe S.14
Räume - Liebe - gemeinsam
zurückkehren (S.15)
S.17 gut!
S.21 "
S.24 als Segen

S.22-23 Tolle Geschichte!

JANUAR:
Veränderung: Na, klar!

Junger Wein gehört in neue Schläuche.
MARKUS 2, 22 (E)

Veränderung: Na, klar!

Junger Wein, er gärt noch, er schäumt über, ist voller Energie.
Alte Schläuche sind brüchig. Gut für reifen, abgelagerten Wein.
Junger, gärender Wein jedoch gehört in neue Schläuche.

Jesus erklärt mit diesen Bildern, warum er manches anders macht, als die Tradition es verlangt.

Seine Jünger, sie fasten nicht so, wie es eigentlich geboten wäre. Und am Sabbat, dem Ruhetag, erlaubt er ihnen, Ähren auszuraufen, um ihren Hunger zu stillen. Ja, er selbst heilt sogar an diesem geheiligten Tag, an dem das Arbeiten streng verboten ist.

Jesus provoziert, weil er außer Kraft setzt, was bisher gegolten hat. Er eckt an, weil er Regeln infrage stellt und ihren Sinn prüft.

Fasten, wenn die Zeit zum Feiern wäre? Nein!
Am Sabbat hungern, während man durch ein Ährenfeld geht? Nein!
Einem Menschen gar Hilfe verweigern, weil Ruhetag ist? Nein!

Gebote und Regeln sind für den Menschen da, nicht umgekehrt.

Die Grundfrage ist also, was menschenfreundlich und lebensdienlich, ja lebens-liebevoll ist.

Wenn diese Frage eine neue Antwort braucht, dann ist es Zeit, überkommene Gewohnheiten zu verändern, vielleicht sogar mit Traditionen zu brechen.

Überschäumend und ungeduldig, ja provozierend stellen dann oft junge Menschen das Alte in Frage.

„How dare you?", schleudert die 16-jährige Greta Thunberg beim UN-Klimagipfel 2019 den Staats- und Regierungschef:innen entgegen. „Wie könnt ihr es wagen?" Ihr wollt Hoffnung von uns jungen Menschen, sagt sie sinngemäß. Aber ihr habt meine Kindheit gestohlen. Menschen leiden und sterben, Ökosysteme brechen zusammen. Wegen eurer Märchen vom Geld und Wirtschaftswachstum.

Harte, wütende Worte. Aufgenommen und weitergetragen von Millionen junger Menschen auf der ganzen Welt.
„Wir sind hier, wir sind laut, weil ihr uns die Zukunft klaut!", skandieren Jugendliche der „Fridays-for-Future"-Bewegung. Und gehen auf die Straße statt in den Unterricht.

Manche Ältere fühlen sich provoziert davon. „Dürfen die einfach die Schule schwänzen? Da soll mal die Polizei eingreifen!", ereifern sie sich. Sie pochen auf ihre Deutungshoheit, verweisen auf Gesetze und Regeln, um die Jugendlichen in ihre Schranken zu weisen.

Darunter liegt vielleicht eine andere Frage: Soll denn nicht mehr gelten, was wir als richtig erkannt haben?
Veränderungen machen Angst, sie verunsichern, denn sie bringen ins Wanken, was so stabil erschien.
Und die überschäumende Energie, mit der sie eingefordert werden, löst Widerstände aus. Aber sie gibt Antrieb und Kraft, neue Wege einzuschlagen. Junger Wein gehört in neue Schläuche!

Es ist eine Kunst, anzuerkennen, dass Traditionen zu Ende gehen und eine sich wandelnde Zeit neue Werte und Handlungsweisen braucht.

Statt sich von den Formen provozieren zu lassen, wäre es sinnvoll, auf den Inhalt zu schauen und ihn ernst zu nehmen. Um wie Jesus zu fragen, was menschenfreundlich ist, dem Leben dient und es fördert.
Und mich dann zu fragen: Was kann ich beitragen? Wie kann ich mit meiner Erfahrung, meinem Wissen und meinem Vermögen dafür sorgen, dass die Erde ein lebensfreundlicher Ort bleibt, auf dem Menschen zu Gast sein dürfen?

Gebet: Umfangen

Gott,
am Anfang dieses Jahres
hilf mir loszulassen,
was enden muss.
Du spürst meinen Schmerz
über das, was sich verändert.
Du siehst meine Angst
vor der Leere.

Ich halte dir meine Sehnsucht hin,
dass das Neue gelingen möge
und ich einen Sinn finde
in dem, was kommt.

In mir klingt dein Versprechen:
„Siehe, ich mache alles neu!"
Und ich spüre im Rücken,
wie du mich stärkst.

Danke, dass ich nicht allein gehe.
Du umfängst mein Leben,
hältst in den Händen,
was ich freigeben muss,
und kommst mir entgegen
in dem, was mich erwartet.

Kleines Manifest

Was meine Vorhaben sind, fragst du?
Nun, ich möchte eine weise alte Frau werden, während ich eine alte weiße Frau werde. Ich will unterscheiden lernen zwischen dem, was ich gestalten kann und dem, was ich hinnehmen muss.

Mein Körper, er soll die Beachtung erhalten, die er braucht. Täglich werde ich ihn spazieren führen. Im Spiegel soll er ein Lächeln bekommen. Viel zu lang war ich gnadenlos mit ihm. Nun will ich ihn freundlich pflegen.
Aber er muss nichts anderes darstellen als das, was er ist. Ich trage nur noch wenig Schminke auf. Nervengifte kommen mir nicht unter die Haut.
Auch möchte ich keinen Kampf führen, um jünger auszusehen als ich bin. Das erschiene mir ohnehin aussichtslos. Und warum überhaupt sollte ich mein Alter vertuschen?

Meine Seele aber, sie soll schöner und schöner werden. Mag auch der Körper gebrechlich werden: Sie kann jung sein und dabei doch reifen. Auch will ich mein Herz sorgsam hüten, damit es anrührbar bleibt.

Ja, weise will ich werden, während ich altere. Gütig und demütiger. Lebenslustig und ein bisschen verrückt. Und geduldiger, oh, das wird harte Arbeit erfordern.

Gäste sollen mir willkommen sein. Da will ich das Zuhören lernen. Erlauschen, was unter den Worten liegt und sich zwischen den Sätzen verbirgt. Neugierig möchte ich bleiben, und das, was mir begegnet, ergründen.

Widerstehen will ich und mich gelegentlich fügen. Abschiede gestalten und die Brüche meines Lebens verwandeln in Sinn.

Mein Herz soll gütig sein und meine Seele, sie soll klug werden und schön. Daran will ich arbeiten, auch dann noch, wenn ich im Ruhestand bin.

Eine weise alte Frau möchte ich werden, während ich altere.

Brüche

Brüche, so habe ich in der Mathematik gelernt,
musst du auf einen Nenner bringen.
Schau, ob sie sich kürzen lassen.
Manchmal musst du sie umdrehen,
oben nach unten, unten nach oben,
um weiterzukommen.

Und ich frage mich,
ob auch die Brüche des Lebens,
manche jedenfalls,
sich umformen lassen.

Mag sein, dass es nicht möglich ist,
sie auf einen Nenner zu bringen,
oder zu einem Endergebnis zu kommen.

Aber wer weiß?
Es könnte doch möglich sein,
dass die Brüche des Lebens,
umgeformt und gewendet,
sich verwandeln (lassen) in Sinn.

Segenswunsch: Sortieren

Was muss bleiben,
was kann weg?

In meiner Wohnung
und meinem Alltag,
in meinen Gedanken
und meinem Leben.

Lust am Sortieren
wünsche ich dir,
Freude an dem,
was sich bewährt hat,
und das Glück,
neu zu beginnen.

Jenseits von Eden

Damals war Plattdeutsch die schönste Sprache der Welt. Und Ostfriesland das Land meiner Träume. Ich kannte nichts anderes. Und sehnte mich nach nichts anderem.

Ich spielte mit den Nachbarskindern im Paradies. Es war identisch mit unserem Garten, in dem es nach Holunder und Lindenblüten duftete. Die Bäume waren älter als ich. In einem nistete ein Pirol. Der verschwand im Herbst nach Irgendwohin. Und kehrte im Frühling zuverlässig zurück. Ein anderer Baum trug Früchte. Keine Äpfel, sondern Birnen. Immerhin.

Wir fuhren nach Holland in den Urlaub, mit unserem Wohnwagen, dem mobilen Zuhause. Dort goss meine Mutter den Tee so auf, wie ich es kannte.
In der Nähe aber wartete das Meer. Ich warf mich in seine Wellen und fügte es meinem Paradies hinzu. Abends kuschelte ich mich in die Bettdecke, die wie immer roch und schlief meistens sofort ein.

Doch dann kam ein Tag, an dem die Welt aufhörte, eindeutig zu sein. Auf dem Campingplatz rief einer mir „Verschwindet, ihr Nazis" nach.

„Was sind Nazis?", fragte ich später beim Tee, der zubereitet worden war wie immer und doch anders schmeckte als sonst.
Ich kostete vom Baum der Erkenntnis, und seine Frucht war nicht süß, sondern bitter, als ich aus dem Paradies meiner Kindheit fiel.

Nun fand ich mich jenseits des Gartens wieder, in einer Welt, die Fragen aufwarf.
Ich sah mich im Spiegel und nahm wahr, dass im Gesicht Pickel wuchsen. Arme und Beine schlackerten, als gehörten sie nicht zu mir. Manchmal fühlte ich mich heimatverloren und fremd.

„Aber du kannst doch nun überall zuhause sein", zischelte die Schlange mir ins Ohr, womit sie gar nicht so unrecht hatte.

Ich reiste mit einer Jugendgruppe nach Norwegen, wo es nur Weißbrot gab. Ich fuhr nach Sizilien und war über den Wolken dem Himmel nah. Die italienische Sprache hörte sich an wie Gesang und lief der plattdeutschen beinahe den Rang ab.

Im Studium lernte ich Petra kennen. die für Schwäbisch schwärmte, was ich abscheulich fand. „Kannsch mer mol dr Butter gebba?", fragte sie, als wir zusammen frühstückten.
Ich zeigte ihr, wie man ostfriesischen Tee aufgießt. Sie schüttelte sich, als sie davon kostete. Doch nach und nach gewöhnte ich mich an die seltsamen Laute aus ihrem Mund. Und sie sich an meinen Ostfriesentee. Und wenn ich heute Schwäbisch höre, denke ich an Petra, und stelle mir vor, wie sie Tee aufgießt. Dann fällt es mir schwer, dieses Kauderwelsch nicht zu mögen.

Manchmal, in melancholischen Momenten habe ich Heimweh. Nach Ostfriesland und dem Paradies meiner Kinderzeit. Ich frage mich, wie mein Leben verlaufen wäre, wenn ich nicht ausgezogen wäre. Und Plattdeutsch die unangefochten schönste Sprache der Welt geblieben wäre.

Meistens legen sich diese Momente schnell. Und ich werde froh über den Horizont, der weit und weiter wurde.
Er machte mich neugierig. Aufgeschlossener für die, die anders sind als ich selber.
Er zeigte mir, dass ich weder der Maßstab der Welt noch ihr Mittelpunkt bin. Und schenkte mir das Himmelszelt, das sich wie ein Dach über einem neuen Zuhause wölbt: unserer Erde, die ich mit allen Menschen teile.

Da steht überall ein Baum, an den ich mich lehnen kann. Und manchmal trägt er Früchte: Kirschen, Kiwis oder auch Kakis, die süß und saftig schmecken.

Überall ist ein Haus, in dem man mir ein Glas Wasser reicht. Überall wohnen Menschen mit ihren ureigenen Geschichten.

Und wenn ich nun zurückkehre zu dem Ort, der einmal so etwas wie eine Heimat war, finde ich Spuren des Paradieses.
Immer noch duftet es nach Holunder und Lindenblüten. Und der Birnbaum verschenkt seine Früchte.

Ein Nachbarsjunge von damals hat neben seinen Eltern ein Haus gebaut. Dort wohnt er mit seiner Familie. Seine Kinder, ein Junge, zwei Mädchen spielen im Garten. Ihre Spiele scheinen den unseren von damals zu ähneln.

Und doch fühle ich mich auch fremd.
Die Veränderungen in diesem Dorf und meine eigenen: Sie verlaufen nicht mehr synchron, nicht mehr aufeinander abgestimmt, in einer Nähe zueinander, in der wir sie gegenseitig nachvollziehen könnten.

Am Rande des Dorfs etwa ist eine Siedlung entstanden. Ich sah sie nicht wachsen, sie scheint mir wie aus dem Boden gestampft und manchmal empört sie mich geradezu.

Und auch die alten Häuser von damals sind nicht dieselben geblieben.
Dort etwa, wo Liane wohnte, deren Name nach Urwald und Abenteuer klang, blättert an der alten, hölzernen Tür die Farbe ab.
Eben schaut eine grau gewordene Frau durchs Fenster. Ich zucke zusammen, als ich bemerke, dass sie es ist: Liane.
Dann hält mir das Bild erbarmungslos den Spiegel vor. Ich bin ja im selben Zeittakt gealtert wie sie.

Liane aber schiebt nun die Gardinen beiseite und schaut mich an, als sei ich hier die Fremde.

FEBRUAR:
Besser in Gerechtigkeit

> Alle Schrift, von Gott eingegeben, ist nütze zur Lehre,
> zur Zurechtweisung, zur Besserung, zur Erziehung in der
> Gerechtigkeit.
> 2. TIMOTHEUS 3, 16 (L)

*Und auch dazu ist jede Schrift nützlich, die sich dem Wirken
von Gottes Geist verdankt. Sie hilft, recht zu lehren, die
Irrenden zurechtzuweisen und zu bessern. Und sie trägt dazu
bei, die Menschen zur Gerechtigkeit zu erziehen. (BB)*

Immer wieder neu

Streng klingt dieser Monatsspruch. Nach mühseligen Zeiten.
Tatsächlich entwirft der Verfasser des 2. Timotheusbriefs ein geradezu
apokalyptisches Szenario. Von den „letzten Tagen" spricht er, in denen
Herausforderungen, Versuchungen und Leiden warten.

In solch schwierigen Zeiten sehnen sich viele Menschen nach stabilen
Strukturen. Dem entspringt möglicherweise auch der Wunsch, verlässliche Worte zu haben, die von Gott persönlich in die Feder diktiert sind
und für immer und ewig dasselbe bedeuten.

In der Lutherübersetzung klingt der Monatsspruch, als vertrete er tatsächlich die „Lehre" der sogenannten Verbalinspiration: „Alle Worte, von
Gott eingegeben …"

So verständlich ich diesen Wunsch nach ewig Gültigem finde, ich halte ihn für gefährlich. Er führt im besseren Fall zu menschlicher Selbstüberschätzung, im schlimmsten geradezu zur Gotteslästerung.
Denn wer meint, von Gott persönlich diktierte Worte zu „besitzen", glaubt oft genug, auch eine von Gott gegebene Macht über die Welt und andere Menschen beanspruchen zu können, meint, einteilen zu dürfen in Gut und Böse und entscheiden zu können, wer dazu gehört und wer draußen bleiben muss.

Allzu oft hat die Auffassung der Verbalinspiration in einen religiösen Extremismus geführt, der über Leichen ging. Doch wer andere Menschen im Namen Gottes herabsetzt oder gar tötet, der lästert Gott selbst.

Um ehrlich zu sein: Ich glaube an keine von Gott eingegebene Schrift, die ewig dasselbe bedeuten und keinerlei Veränderungen erlauben würde. Gott lässt sich nicht in Worten einfangen oder gar einzementieren. Wir haben ihn nicht in der Hand.
Jedes von Menschen aufgeschriebene Wort ist in einer Distanz zu Gott, es ist in die Zeit geschrieben, nicht in die Ewigkeit. Darum muss es immer wieder, immer neu danach befragt werden, was es für heute bedeutet.

Liest man die Worte des Monatsspruchs im Urtext nach, so steht dort das Wort „theopneustos". Es verbindet die Worte Gott (theos) und Geist (pneuma).
Die Basisbibel übersetzt: „Schrift …, die sich dem Wirken von Gottes Geist verdankt".

Es gibt Worte, die nicht aus einem Menschen allein zu kommen scheinen. Wie angeflogen aus einem Anderswo, über das nicht wir verfügen. Und manchmal schreibt ein Mensch sie auf.

Und es gibt andere Worte, die bleiben lange Zeit stumm, nichtssagend. Doch plötzlich ist da ein Kairos, ein genau richtiger Moment, in dem sie sich entfalten.

Die Heilige Geistkraft ist unverfügbar, sie weht, wo sie will. Sie verleiht Worten eine Kraft, ja, manchmal eine Wucht. Aber ihr Wirken ist an einen Kairos gebunden. Dann leuchtet sie auf: in Sätzen, Gesten, Begegnungen.
Der Moment vergeht. Und bleibt doch insofern, als er ein Leben und manchmal eine Welt verändern kann.

Worte, von Menschen aufgeschrieben, gelten nicht für alle Ewigkeit. Ihre Bedeutung kann sich verändern, in jeder Zeit müssen sie ihre Wahrheit neu erweisen.

Wie aber lässt sich dann erkennen und prüfen, was von Gott kommen könnte und was nicht?

Der Bibelvers selber macht einen Vorschlag: Was vom Himmel kommt, ist nütze zur Lehre, zur Besserung, zur Erziehung in der Gerechtigkeit. Auch das sind altmodische, sperrige Worte.
Und doch zeigen sie eine Richtung: Es geht nicht um Erstarrung und Festschreiben, wie verbalinspirierte Texte es täten, sondern um Entwicklung.
Und die hat eine Richtung: Was vom Himmel kommt, ist konstruktiv, nicht destruktiv. Besser und gerechter sollen wir werden, damit das Leben auf der Erde besser und gerechter wird.

Ich schätze die Bibel so sehr, weil sie ein so lebendiges Buch ist. Bis heute lesen und hören Menschen ihre Worte immer neu. Wieder und wieder erscheinen sie in einem anderen Licht. Ihre Wahrheit gleicht somit eher einer Momentaufnahme als einer in Stein gemeißelten Skulptur. Und doch enthält sie eine verändernde Wucht.

So schreibt er, den wir Gott nennen, sich in unsere Geschichten ein. Und so schreibt er seine Geschichte mit uns, gestern, heute und morgen. Immer wieder neu.

Danke

Jede Frage darf ich stellen,
darf jeden Zweifel äußern.
Neugier ist erwünscht.
Irren ist möglich und menschlich.

Ich darf mich ausprobieren,
fremde Wege gehen,
an meine Grenzen kommen
und sie gelegentlich überschreiten.

Mein Glaube darf leben,
sich verändern und wachsen.
In Freiheit geleitet er mich,
wo immer ich bin.

Ohne Goldwaage

„Soll ich die Goldwaage holen?", fragte meine Mutter, wenn wir Kinder uns stritten, ob der Pudding gerecht verteilt worden war. Genau schauten wir: Habe ich wirklich genug abbekommen? Oder hat meine Schwester ein Löffelchen mehr?

Dass Geschwisterkinder über Nachtisch streiten, ist vermutlich normal. Sie lernen dabei, sich selbst zu behaupten, zu verhandeln und Kompromisse zu schließen. Und, wenn es gut geht, lernen sie auch das Teilen. „Nun habe ich zu viel", sagt ein kleiner Junge. Und er gibt seiner Schwester etwas ab. Beide erfahren, wie gut es ihnen tut, wenn sie fair zueinander sind.

Und manchmal merken sie vielleicht auch: Ich hätte statt des Schokoladenpuddings lieber ein Eis. Ich muss nicht in jedem Fall genau das haben, was der oder die andere hat. Sondern das, was ich gern mag.
Ich muss auch nicht immer dieselbe Menge haben wie andere. Sondern so viel, wie ich brauche, um satt zu werden. Sonst liegt der Pudding schwer im Magen, und wenn ich Pech habe, wird mir sogar übel davon.

Besser werden in Gerechtigkeit. Kinder können das lernen, wenn es um Nachtisch oder ein Spielzeug geht. Fair bleiben und den/die andere:n und ihre Interessen im Blick behalten. Und manchmal auch für sie/ihn einstehen.

Wie ist es bei uns Erwachsenen?

Für das Leben gibt es keine Goldwaage. Und doch ist es, glaube ich, oft auch bei uns das Vergleichen, das unzufrieden, ja, manchmal sogar unglücklich macht. Es führt dazu, dass ich das haben will, was andere haben, egal, ob ich es brauche oder nicht.

Doch dass der Nachbar neuerdings ein größeres Auto fährt, bedeutet keinesfalls, dass das nun auch für mich das Richtige wäre.

Was dient dazu, besser zu werden in Gerechtigkeit?

Ich könnte damit beginnen, mich zu fragen, was ich wirklich brauche. Und lernen zu sagen: „Ich habe genug."
Eine weitere, vielleicht noch bessere Frage wäre: „Hast du genug?"
Denn für viele Menschen geht es darum, überhaupt über die Runden zu kommen.

Abgeben und schenken sind Schritte zur Gerechtigkeit. Auch einmal verzichten zugunsten anderer. Oder mit ihnen Wohlstand teilen: das Auto, wenn es oft nur herumsteht, das Haus, wenn es zu groß geworden ist, den Garten, wenn er reichlich Früchte bringt.

Es käme nicht nur den Menschen zugute, sondern auch der Erde selber, wenn wir weniger ihrer Ressourcen verbrauchten.

Eine Goldwaage ist nicht nötig, um besser zu werden in Gerechtigkeit. Es müssen nicht alle von allem gleich viel und dasselbe haben. Wie gut aber wäre es, wenn jede:r, auch die Erde selber, genug zum Leben hätte.

Gebet: Sinn für Gerechtigkeit

Offene Augen,
ein mutiges Herz,
ein sensibles Gewissen
und einen untrüglichen Sinn
für Gerechtigkeit.

Steh uns bei, guter Gott,
und hilf uns,
uns selbst zu entwickeln.

Denn besser und besser
wollen wir werden,
wollen dir folgen
auf dem Weg zur Gerechtigkeit.

Kostbar

„Weniger ist mehr", sagt ein Sprichwort.
Und, ja, ich erfahre gerade, dass das stimmt. Seit ich in einer kleineren Wohnung lebe, muss ich weniger putzen. Ich kann stattdessen Klavier spielen und Fahrrad fahren. Ich muss keinen Garten mehr pflegen, der mir zu groß erscheint für meine Kräfte. Dafür gehe ich oft in den Wald. Ich freue mich über Buschwindröschen, Märzenbecher und Akelei. Manchmal ernte ich, was ich nicht gesät habe: Bärlauch, Brombeeren oder Holunder.
Wenn ich durch die Stadt spaziere, freue ich mich an dem, was ich nicht brauche. Ich habe genug. Immer noch sind eher zu viele Kleider in meinem Schrank als zu wenig, ich besitze ausreichend Teller, Tassen und Bettwäsche.
Es ist gerade nicht so, dass minimalistischer zu leben mit einem großen Verzicht verbunden wäre. Seit ich weniger besitze, habe ich anderes gewonnen. Ich lebe bewusster. Nichts ist selbstverständlich. Und ich besitze mehr von einem besonderen Luxusgut: der Zeit. Mir selber scheint sie manchmal kostbarer als Geld und Gut.

Segenswunsch: Neugierig bis zuletzt

Ich wünsche dir,
dass du neugierig bleibst
auf die Vielfalt des Lebens.
Unergründlich ist die Welt.

Und was unbekannt ist
und anders,
das zeigt dir neue Seiten auf,
auch in dir selbst.

Ich wünsche dir,
dass du dich entwickeln darfst
bis zum letzten Tag
deines Lebens.

MÄRZ:

Gegen den Augenschein

> Entsetzt euch nicht! Ihr sucht Jesus von Nazareth, den
> Gekreuzigten. Er ist auferstanden, er ist nicht hier.
> MARKUS 16, 6 (L)

Die Christusfigur im Hamelner Münster

Fast jeden Tag gehe ich dort vorbei.

Da steht sie, die uralte Kirche. Vor mehr als 1200 Jahren haben Menschen sie gebaut, hier am Fluss. Ich gehe vorbei und weiß: Dort drinnen ist die Figur, die ich so mag. Abguss eines romanischen Kunstwerks, entstanden lange bevor ich geboren wurde.
Die Figur hängt über dem steinernen Altar und zeigt Christus. Doch ist er nicht an ein Kreuz genagelt, sondern bildet mit ausgebreiteten Armen selber ein Kreuz.
Dass Jesus Christus gelitten hat, verschweigt die Figur nicht. Doch hat das Leiden nicht das letzte Wort. Dieser Christus segnet zugleich. Und vielleicht ist sein Segen gerade darum so anrührend glaubwürdig, weil er aus dem Dunkel erwächst.

Fast immer, wenn ich an der uralten Kirche vorbeigehe, erinnere ich mich an die Figur. Ich weiß: Sie ist da.
Manchmal unterbreche ich meinem Weg und öffne die schwere Kirchentür. Ich laufe durch den langen Gang nach vorn, setze mich in einen der wuchtigen Polsterstühle.
Für eine Weile schließe ich die Augen und spüre, wie es still wird in mir. Ich lasse los, was mich gerade beschäftigt.
Dann schaue ich die Figur an, die Christus repräsentiert. Er sieht mich, er kennt das, was mich froh macht, und das, woran ich leide.
Er segnet mich und ich lasse mich segnen, so, wie ich bin.

Abends werden die Türen der Kirche verschlossen. Doch auch, wenn ich die Figur nicht anschauen kann, weiß ich: Sie ist da. Und bleibt.
Das reicht aus. Es ist, als ob ich mit diesem Wissen auch die Figur in mir trage, die für Christus steht. Wenn ich mich an sie erinnere, sehe ich sie vor mir, ihre weit ausgebreiteten Arme. Ich hole hervor, was in der Kirche passiert und lasse es wieder geschehen.

Stille wächst in mir, ich öffne mich. Christus ist da. Immer, überall.
Mit ausgebreiteten Armen.
Wo immer ich auch bin: Jederzeit kann ich mich segnen lassen.

Gebet: Vom Tag erzählen

Dass einer da ist,
der schon vom Tag erzählt,
wenn es um mich noch dunkel ist.

Dass eine bleibt,
wenn andere längst gegangen sind,
und mich geleitet
durch die Nacht.

Gott, gib Menschen,
die geduldiger hoffen
und weiter sehen.

Und lass mich selbst
zu solch einem Menschen
für andere werden.

Osterfunken

April 2022. Zwei Jahre Corona. Und dann der Krieg in der Ukraine.
An jedem Morgen die Nachrichten von neuen Bomben, die Menschen töten und Städte verwüsten.
Wie geht es weiter? Alles, was sicher schien, wankt.

Ich gehe spazieren, täglich, trotzdem. Das Gehen hilft mir, nicht ganz in trüben Gedanken zu versinken. Und so laufe ich an den Fluss, Tag für Tag.

An einem Frühlingstag entdecke ich sie plötzlich: kleine Triebe, die sich aus dem Boden strecken. Die waren im letzten Jahr doch noch nicht da. Jemand hat Blumenzwiebeln an der Weserpromenade gepflanzt.

Ich überlege: Das muss im vergangenen Herbst gewesen sein. Vermutlich gingen die Coronazahlen gerade wieder in die Höhe. Doch hat diese Person sich nicht beirren lassen von schlechten Nachrichten oder düsteren Prognosen.

Sie hat sich auf den Weg gemacht mit ihren Blumenzwiebeln. Hat Löcher gegraben und Blumenzwiebeln hineingelegt: Krokusse, Tulpen, Narzissen.
Was mag ihr dabei durch den Kopf gegangen sein?
Vielleicht kannte sie den Spruch, der Luther zugeschrieben wurde?
„Wenn ich wüsste, dass morgen die Welt untergeht, würde ich heute noch ein Apfelbäumchen pflanzen."

Kein Apfelbäumchen, sondern frühblühende Zwiebelpflanzen. Die strecken nun ihre Triebe aus der Erde:
Zuerst haben die Krokusse geblüht: weiß, gelb, lila, gestreift.
Nun gehen die Osterglocken auf. Gelb leuchten sie mir entgegen. Zu früh eigentlich.

Wir sind doch mitten in der Passionszeit, denke ich. Nicht nur im Kalender, auch in der Welt.
Sie aber leuchten mir entgegen. Ähnlich unbeirrbar wie die, die sie gepflanzt hat.

Und ich kann gar nichts dagegen tun: Ihr Leuchten fällt in meine Augen und von dort in meine Gedanken. Und zeiht weiter in mein Herz.
Lauter kleine Osterfunken. Ich beginne zu lächeln und freue mich.

Osterengel

Er weist
mit einem Wort
oder einer Geste
ins Weite.

Dann wendet sich
mein Blick
dem Horizont zu
und ich spüre:

Nichts muss
für immer
so bleiben
wie es ist.

(Aus: Tina Willms, Momente, die dem Himmel gehören. Gedanken, Gedichte und Gebete für jeden Tag. © 2021 Neukirchener Verlagsgesellschaft mbH, Neukirchen-Vluyn, S. 190.)

Hummelflug

Unmöglich, so las ich
am Morgen, unmöglich,
dass hinter den
endlosen Weiten des Alls
in Schwärze und luftleeren Räumen
einer wäre.

Und gehe nun
durch meine Stadt.
Da sehe ich am Wegrand,
wo gestern noch bräunlich
die Erde brach lag,
Krokusse blühen.

Und denk mir:
Wunderbar, wie da einer
die ungezählten Atome
abgezählt hat, um sie
zusammenzusetzen zu Molekülen
und dann zu Zellen
mit Kernen und Häuten.
Und dass er ihnen Struktur gab
und köstliche Staubfäden
und Kelche und Farbe und Duft.

Und ich summ wie die Hummel,
die anfliegt, obwohl sie doch
gar nicht fliegen können kann

(aerodynamisch völlig unmöglich!)
und die sich nun niederlässt
und ihre schimmernden Flügel biegt.

Ich summe und denk:
Ich hätt so gern einen,
dem ich danken kann,
weil es mir doch
wie ein Wunder vorkommt,
auch wenn es keins ist.
Und ich schau mich verstohlen um,
ob jemand mich sieht,
wenn ich ihn heimlich preise.

Ihn in den luftleeren Räumen.
Den heimatlosen Gott.

Segenswunsch: Auferstehungsaugenblicke

Am Morgen erwachen
und munter werden.

Frisches Wasser auf der Haut
und Hände, die tatkräftig sind.

Lichtblicke zwischen den Wolken
und in den Worten von nebenan.

Eine Idee von irgendwoher
und ein Problem, das sich lösen lässt.

Ich wünsche dir
Auferstehungsaugenblicke
hier und heute.

APRIL:
Weitreichende Hoffnung

> Seid stets bereit, jedem Rede und Antwort zu stehen, der von euch Rechenschaft fordert über die Hoffnung, die euch erfüllt.
> 1. PETRUS 3, 15 (E)

Ins Leben geprägt

Das Abitur war geschafft, nun waren die Tage seltsam leer. Mir ging es nicht besonders gut damit. So sehr ich manchmal auf die Schule geschimpft hatte: Jetzt fiel mir der Abschied doch schwer. Wir Freund:innen würden zerstreut werden, einige hatten schon Pläne, wo sie studieren oder eine Ausbildung machen wollten. Ich war noch unentschlossen, wusste nicht so recht, was ich werden wollte. Eine so weitreichende Entscheidung zu treffen, dazu fühlte ich mich kaum in der Lage.

Dennoch: Die Lücken im Kalender wollte ich nutzen. Zusammen mit einigen anderen Jugendlichen besuchte ich einen Freund, der etwas älter war und in Göttingen studierte. Von dort aus unternahmen wir Ausflüge, und so fand ich mich an einem Tag in Hannoversch Münden wieder, wo „Werra sich und Fulda küssen" und zur Weser werden.

Wir hatten uns aufgeteilt, jede und jeder hatte Zeit für das, was sie oder ihn besonders interessierte. Ich ging etwas ziellos durch die Gassen – so wie im Leben ja auch – und grübelte wieder einmal über die unklare Zukunft. Dabei wurde ich immer bedrückter.
Nebenbei betrachtete ich die Fachwerkhäuser. Lange schon vor meiner Geburt waren sie erbaut worden und immer noch wohnten Leute darin.

Da fiel mein Blick auf einen dicken Balken, der einen First trug. Ein Bibelvers war dort eingeschnitzt:
„Es sollen wohl Berge weichen und Hügel hinfallen, aber meine Gnade soll nicht von dir weichen, und der Bund meines Friedens soll nicht hinfallen, spricht der Herr, dein Erbarmer." (Jesaja 54, 10)

Uralte Worte, und doch in diesem Moment wie für mich und meine Zukunft gemacht.
Etwas in mir löste sich, meine Schritte fühlten sich leichter an, als ich weiterging, und etwas wie Freude machte sich in mir breit.

Menschen, die längst nicht mehr lebten, hatten mir Auskunft gegeben über die Hoffnung, die sie erfüllte und durchs Leben trug. Die einen hatten sie niedergeschrieben, die anderen Jahrhunderte später in diesen Balken geschnitzt. Und sie so weitergereicht durch die Zeiten. Nun kamen sie zu mir, Antwort auf eine Frage, die ich gar nicht laut gestellt hatte, die nur latent in mir schwelte. Und die uralte Hoffnung prägte sich mir ins Gedächtnis und ins Leben.

Hoffnungsleuchtend

Warum leuchtest du so, fragt einer.

Einer hat mich angesehen,
sage ich.

Nichts musste ich vorzeigen.
Keine Eintrittskarte.
Kein Zeugnis.

Selbst ausweisen
musste ich mich nicht.

Er hat mich
wider Erwarten
für gut befunden.

Ich sei,
so sagt er,
liebenswert.

So wie ich bin.

Tagesschau, utopisch

20 Uhr. Guten Abend, meine Damen und Herren, ich begrüße Sie zur Tagesschau.

Washington. Die Außenministerkonferenz der G7-Staaten hat eine weitere Zusammenarbeit beschlossen. Nachdem der Frieden langfristig gesichert werden konnte, soll es nun um die gerechte Verteilung der Güter gehen. Die reichen Länder erklärten sich bereit zu teilen. Der Gedanke, dass genug da sei, aber trotzdem Menschen verhungerten, sei unerträglich.

Stockholm. Schweden ist das erste Land, das seinen Energiebedarf allein durch erneuerbare Energien und somit klimaneutral deckt. Das sei auf die Initiative der „Fridays-for-Future"-Bewegung zurückzuführen, erklärte Wirtschaftsministerin Greta Thunberg. Andere Staaten ziehen nach. Es sei zu erwarten, dass schon im kommenden Jahr die Klimabilanz der Erde ausgeglichen, ja, vielleicht sogar positiv sei.

Berlin. In der Charité ist es erstmals gelungen, ein verhärtetes Herz zu reinigen und wieder zu erweichen. In den kommenden Wochen soll geprüft werden, ob diese Technik sich ausweiten lässt, um beschädigte Hirnstrukturen zu reparieren und sie wieder zur Einfühlsamkeit zu befähigen.

Und nun noch die Wettervorhersage für morgen:
Gütewolken werden den Himmel entlangziehen. Zwischendrin wird Segen die Erde beregnen.

Ich wünsche Ihnen noch einen schönen Abend.

Hoffnungskredit

Neulich,
als die Zeiten
düsterer wurden
und ich immer verzagter,
da habe ich
bei der Hoffnung
einen Kredit aufgenommen.

Sie saß mir gegenüber
und lächelte freundlich.
Weder fragte sie
nach meinen Liquiditäten,
noch sprach sie
von Zins und Tilgung.

Die Summe, die sie nannte,
überstieg meine Erwartungen.
Ob ich denn noch
Fragen hätte.

Wie lange währt die Frist,
fragte ich.
Da lächelte sie
und meinte:

Für immer.
Rückzahlung ist nicht erforderlich.
Nur weiterzugeben,
was du bekamst.

Gebet: Zu groß

Gott,
zu groß sind deine Versprechen.
Ich glaube sie dennoch
oder versuche es.

Wie eine Clownin bin ich,
die riesige Schuhe trägt.

Immer wieder komme ich
ins Stolpern und oft genug
sehe ich wohl
reichlich lächerlich aus.

Doch manchmal bringe ich
Menschen zum Staunen,
Augen zum Leuchten
und Herzen zum Träumen.

Hoffnungsclownin bin ich,
mit den Geschichten,
die kaum zu glauben sind.

Ich glaube sie trotzdem
und erzähle sie,
weil ich sie hörte
von dir.

Segenswunsch: Hoffnungshaus

Dass dein Leben
ein Hoffnungshaus sei,
wünsche ich dir.

In die tragenden Balken
hat einer Worte geschnitzt,
die dich stärken.

In den Zimmern
begegnen dir Menschen,
die ein Licht anzünden
und dich wärmen.

Und über euch
sturmfest ein Dach,
unter dem sich wohnen lässt:

gemeinsam im Frieden.

MAI:
Zum Guten befreit

> Alles ist mir erlaubt, aber nicht alles dient zum Guten. Alles ist mir erlaubt, aber nichts soll Macht haben über mich.
> 1. KORINTHER 6, 12 (L)

Gut gelaufen

Gastbeitrag von Heinke Willms

„Erlaubt ist das natürlich nicht – ohne den Ausweis", denkt er, als er das Leihauto auf dem Behindertenparkplatz abstellt. „Dumm, dass ich vergessen habe, ihn mitzunehmen – egal, wird schon gut gehen."
Langsam steigt er aus und verzieht dabei das Gesicht. Der Schmerz ist heute besonders stark. Er nimmt die Gehhilfe, schließt die Autotür und humpelt zur Praxis.

„Das ist nicht erlaubt", denkt die junge Frau, als sie das Auto auf dem Behindertenparkplatz sieht. „Kein Ausweis, aber sich da hinstellen – es gibt echt blöde Leute. Das geht doch gar nicht!"
Sie denkt an ihre Freundin, die im Rollstuhl sitzt. So oft schon hat sie sich mit ihr über solch rücksichtslose Fahrer:innen geärgert. Vielleicht sollte man dem da mal eine Lehre erteilen?

Sie schaut sich um. Keine Passant:innen in Sicht.
Sie geht zum Auto, bückt sich zum Hinterreifen hinunter und schraubt das Ventil auf. Leise beginnt es zu zischen.
Wieder guckt sie. Niemand auf der Straße. Schnell noch die anderen Reifen – und dann auf zur Arbeit.

Die Nachbarin steht am Fenster. „Was macht die denn da", denkt sie, als sie die junge Frau am Auto sieht. Dann versteht sie. Sie geht nach draußen.
„Das ist aber nicht erlaubt", sagt sie, während die Restluft aus dem letzten Reifen entweicht. Die junge Frau zuckt zusammen und dreht sich um.
„Was der da macht, aber auch nicht", schimpft sie los. „Das macht der so schnell nicht wieder, sich einfach auf den Behindertenparkplatz stellen."

Hinkend kommt der Mann aus der Praxis und sieht die beiden Frauen am Auto stehen.
„Hier dürfen Sie nicht parken", sagt die junge Frau laut. Ihr Blick fällt auf eine der Gehstützen. Etwas leiser fügt sie hinzu: „Ohne Ausweis ist das nicht erlaubt."
Der Mann schaut sie an und blickt dann herunter zu den Reifen.
„Ich weiß", sagt er und streicht mit der Hand über die Motorhaube. „Das ist ein Leihauto und ich habe den Ausweis vergessen."
„Und da lässt sie Ihnen einfach die Luft raus", empört sich die Nachbarin. Die junge Frau schaut zu Boden und wickelt sich eine Haarsträhne um den Finger. „Das konnte ich ja nicht wissen", murmelt sie.
„Ganz unrecht haben Sie ja nicht", antwortet der Mann. „Ich ärgere mich auch oft über Leute, die sich einfach so auf den Behindertenparkplatz stellen. Nur, was machen wir nun?" Er deutet auf einen Reifen. „So kann ich ja nicht damit fahren."
„Sie haben Glück", erwidert die Nachbarin. „Ich habe einen Kompressor in der Garage." Sie dreht sich um und geht auf ihr Haus zu. „Ich geh ihn mal holen."
„Soll ich tragen helfen?", ruft die junge Frau und eilt hinterher.

Den Kompressor in der Hand, kommt sie zurück und beginnt, die Reifen aufzupumpen.
„Eigentlich habe ich ja Glück gehabt", sagt der Mann und lehnt sich gegen die Beifahrertür. „Ein Knöllchen wäre viel teurer geworden."
„Und ich auch", meint die junge Frau, während sie den letzten Reifen mit Luft füllt. „Eine Anzeige wäre viel doofer gewesen."
Beide grinsen.
„Und fertig", die junge Frau richtet sich auf. Er reckt den Daumen in die Luft.
„Ich bring dann mal noch den Kompressor zurück", sagt sie.
„Machen Sie's gut". Sie zwinkert. „Und nächstes Mal den Ausweis nicht vergessen."
„Und machen Sie's auch gut", verabschiedet er sich und ächzt, als er ins Auto steigt.
Die junge Frau geht und klingelt bei der Nachbarin. „Das war super", bedankt sie sich und gibt den Kompressor zurück.
„Naja", antwortet die Nachbarin. „So super ja nun auch nicht.
Er parkt auf dem Behindertenparkplatz – und Sie, Sie lassen ihm einfach die Luft ab. Beides nicht erlaubt."
„Stimmt", sagt die junge Frau", aber auch wenn's nicht erlaubt war – was dabei rausgekommen ist, war doch eigentlich ganz gut."

Gebet: Gut geleitet

Gott,
du willst mich zum Guten leiten
mit deinem Wort.

Rette mich heraus
aus dem, was mir Freiheit verspricht
und mich doch nur gefangen nimmt.

Lehre mich zu unterscheiden
zwischen dem, was mich knechtet
und dem, was erlösend ist.

Lass mich in den Blick nehmen,
was mein Reden und Handeln
für andere bedeutet.

Hilf mir zu wählen
und dann auch zu tun,
was dem Guten dient.

Überholspur

An der deutschen Grenze wird oft alles anders. Jedenfalls auf der Autobahn. Eben noch, in Dänemark, Frankreich, den Niederlanden war es ein entspanntes Fahren. Zwischen 100 und 130 km/h fuhr man, eingereiht zwischen anderen, dahin. Zeit, mal nach rechts oder links zu schauen. Ab und zu jemanden zu überholen, sich einzureihen auf die zweite Spur: kein Problem, wenn alle in einem ähnlichen Tempo fahren.
Vor allem aber keine Drängler im Rückspiegel, die du heranrasen siehst, als kennten sie keine Verwandten. Kein Zischen neben dir: Da schnurrt einer vorbei, bei dem du dich fragst, wo der denn so schnell hergekommen ist.

Sobald du jedoch die Grenze passiert hast, geht es wieder los. Da drückt der hinter dir kräftig das Gaspedal durch und nähert sich so schnell, dass du erschrickst und dir der Schweiß ausbricht. Gerade denkst du, dass er dir jetzt hinten drauffährt, da schert er knapp hinter deinem Kotflügel aus.

Und wenn vor dir ein Lastwagen auftaucht, der mit 60 km/h unterwegs ist und du an ihm vorbei möchtest, ist die Überholspur so voll, dass du dich nicht dazwischenschieben kannst. Resignierend trittst du auf die Bremse und bleibst, wo du bist.

„Freie Fahrt für freie Bürger!", so lautet das geflügelte Wort, das immer wieder gerne zitiert wird. Es suggeriert, dass die eigene Freiheit getrost zu Lasten anderer gehen darf.
Hauptsache ich komme gut und schnell durch. Zur Not, indem ich andere ausbremse oder bedränge. Hauptsache freie Fahrt, und zwar vor allem und zuerst für mich selber.

Was für ein befremdlicher Freiheitsbegriff! Wo das Gegenüber aus dem Blick gerät, ist die Freiheit in Gefahr, zum Egoismus zu verkommen. Was zählt, ist ja nur: Ich, ich, ich!

Die eigene Freiheit aber hat ihre Grenze an der Freiheit des/der anderen. Wo sie zu seinen Lasten oder auf ihre Kosten geht, verwandelt sie sich in Rücksichtslosigkeit, ja, manchmal beginnt sie geradezu, einem Fatalismus zu ähneln. Die Autobahn ist dafür ein eindrückliches Beispiel.

Dabei ist es gerade dort so einfach, es anders zu machen:

Ich nehme die anderen mit in den Blick. Ich bleibe freundlich und nehme Rücksicht. Zum Auto vor mir halte ich Abstand und auf der Überholspur lasse ich andere einscheren. Kann sein, dass ich so zehn Minuten später mein Ziel erreiche. Na und?

Ich gewinne dafür Zeit, mich nebenbei umzuschauen.
Den Wegrand wahrzunehmen, den Ginster oder die Buschwindröschen, Felder und Wälder, Städte, die zu besuchen sich lohnen würde.
Ich kann haltmachen an einer Raststätte. Oder in der Autobahnkirche „Danke" sagen für die Reise, die mein Leben bedeutet.

Für mich wird es wohl ein lebenslanges Rätsel bleiben, warum die Überholspur Freiheit bedeuten soll. Manchmal bringt sie – so scheint mir – eine fatale Knechtschaft mit sich.

Nicht nur auf der Autobahn. Auch im richtigen Leben.

Golden

Freiheit, sagt einer.
Und ich tanze.
Ich drehe mich mit,
immer im Kreis
um eine Mitte,
die golden schimmert
wie ein Versprechen.

Freiheit,
ich höre die herrliche Pfeife,
tanze und tanze,
doch schließlich werde ich
müde dabei.

Ich will mich ausruhen.
Doch schrill klingt die Pfeife.
Tanzen muss ich,
immer weiter im Kreis.

Ich möchte so gerne
nach Hause,
doch finde ich
den Ausgang nicht mehr.

Sehnsuchtswort, Sehnsuchtsort: Anderswo

Anderswo, so heißt ein Land ganz in der Nähe. Es ist das Land der ungelebten Möglichkeiten.
Dort gehen andere Leben neben meinem her, doch spüre ich sie meistens nicht.

Ich gehe an ihnen vorbei, so wie an den Menschen in einer Fußgängerzone. Sie sind da, doch ich nehme ihre Gesichter nicht wahr und höre nicht auf ihre Geschichten.

Manchmal aber unterbrechen sie mich, die ungelebten Möglichkeiten. Wie eine Passantin, die sich nicht auskennt in einer Stadt.
Besonders höflich sind sie allerdings nicht. Weder bitten sie um Entschuldigung noch fragen sie, ob es gerade passt.

Unvermittelt erkundigen sie sich nach meinem Lebensweg.

Warum lebst du so und nicht anders, gerade hier und nicht anderswo?

Ich erschrecke und fange an, mich zu rechtfertigen.

Es war mein Beruf, er führte mich in diese Stadt.
Diese Freundin von damals: Ich habe sie aus den Augen verloren.
Und, ja, ich hätte einen anderen Weg gehen können, doch er schien mir zu ungewiss.

So erkläre ich mir und ihnen mein Leben – mit dem ich doch eigentlich ganz zufrieden bin.

Und sie, die ungelebten Seiten, sie hören zwar zu, doch schauen sie skeptisch. Dann zeigen sie unverwandt auf ihr Möglichkeitsland: Anderswo.

Anderswo.
Als sei es nur einen Schritt weit entfernt. Und es sei jetzt an mir, nach dem Weg zu fragen.

Manchmal lasse ich mich ein, ich beginne zu fragen und betrete den Ort, den sie mir zeigen. Sehnsuchtsort: Anderswo.

Ich schaue mich um und male mich selber in neue Landschaften hinein. Ein Haus stelle ich auf, in dem ich wohnen könnte. Menschen begegnen mir, mit denen ich leben könnte.
Ich baue Zäune ab, die mir den Weg versperrten. Und reise in andere Berufe und neue Begegnungen.
Die Welt scheint offen zu stehen und auch mir zu verheißen, dort eine andere zu sein.

Anderswo. Land der ungelebten Möglichkeiten, die neben meinem Leben gehen. Nehme ich sie wahr, so öffnen sich Wege in verwirrender Fülle.
Anderswo. Einmal ausprobieren, was ich versäumt habe. Was möglich wäre, ins Leben denken.
Sehen, was ich nicht gesehen habe, spüren, was mich berühren könnte.
Anderswo: Einmal neu anfangen. Wieder einmal, einmal noch neu werden dürfen.

Segenswunsch: Kompass

Täglich wählen
unter den Möglichkeiten,
die warten und locken.

Immer wieder
entscheiden müssen,
was besser ist
und was schlechter.

Ich wünsche dir
einen Kompass,
der dir die Richtung weist,
und Mut und Freiheit,
ihm zu folgen.

JUNI:
Wunder geschehen

> Mose sagte: Fürchtet euch nicht! Bleibt stehen und schaut zu, wie der HERR euch heute rettet!
> EXODUS 14, 13 (E)

Im Nachhinein

Kämpfen.
Fliehen.
Dich tot stellen.

Diese drei Möglichkeiten hast du, wenn der Säbelzahntiger hinter dir her ist.
Gern wird dieser Vergleich herangezogen, wenn es darum geht, was in einer bedrohlichen Lage die Optionen sind. In unseren Genen stecken sie, die Urahnen haben sie uns mitgegeben.

Kein Säbelzahntiger, sondern die Ägypter sind hinter den Israeliten her. Mit ihren besten Kämpfern und ihren modernsten Kampfwagen. Eigentlich wollten sie das geknechtete Volk ziehen lassen, doch nun hat der Pharao sich anders entschieden. Er lässt den Israeliten nachjagen, um sie zurückzuholen in die Gefangenschaft.

Näher und näher kommen die Pferde und Streitwagen.
Gegen sie kämpfen zu wollen, wäre aussichtslos, viel zu groß ist ihre Übermacht.
Sich tot stellen? Einer einzelnen Person wäre das vielleicht möglich. Aber doch nicht einem ganzen Volk.
Auch zu entkommen, scheint nicht mehr möglich.
Erste Stimmen werden laut: „Kommt, wir ergeben uns!" „Besser Sklaven sein als tot!"

Da erhebt Mose seine Stimme. „Fürchtet euch nicht!", ruft er. „Bleibt stehen und schaut zu, wie der HERR euch heute rettet!"

Wie bitte? Stehenbleiben? Alles aus den Händen geben?
Gott vertrauen? Zuschauen bei der eigenen Rettung?
Soll das etwa eine vierte Möglichkeit sein? Mitten in der Todesgefahr?

Die Geschichte geht gut aus, so erzählt die Bibel: Vor den Israeliten teilt sich auf wundersame Weise das Schilfmeer, trockenen Fußes kommen sie hindurch. Über den Ägyptern aber schlagen die Wellen zusammen, sie ertrinken.
Ob und wie sich das zugetragen hat, darüber diskutieren nicht nur die Theolog:innen bis heute.

Von einer wunderbaren Rettung erzählen lässt sich wohl nur im Nachhinein. Wenn die Todesgefahr vorüber ist und man selber in Sicherheit ist.

Doch es gibt diese Erfahrungen ja tatsächlich, bis heute. Alles schien aussichtslos. Und dann ist da plötzlich ein:e andere:r, der/die zieht einen heraus, unter den eigenen ungläubigen Augen.
So etwas geschieht. Legendär ist das „Wunder von Lengede" im Jahr 1963: Elf Bergleute waren dort vierzehn Tage lang im Stollen eines Erzbergwerks eingeschlossen, in das Wasser eingebrochen war.

Es wäre geradezu zynisch, im Moment höchster Gefahr einem anderen zu sagen: „Gib die Möglichkeiten auf, durch die du dich selber retten könntest. Und wähle die vierte:
Stehenbleiben. Loslassen. Gott machen lassen."
Menschen in Gefahr brauchen keinen Appell an ihr Gottvertrauen, sondern Beistand.
In Lengede wurden Suchbohrungen gemacht, um lebende Bergleute aufzuspüren. Dann wurden Rettungsschächte gebohrt. Zufälle kamen zu Hilfe: Luftblasen etwa, in denen die eingeschlossenen Menschen atmen konnten. Und das Wunder geschah: Vierzehn Tage überlebten diese elf Männer dort tief unter der Erde. Und dann war ein Rettungsweg gebohrt, durch den sie endlich einer nach dem anderen herausgezogen wurden.

Was immer ein Wunder bewirkt: Alles erklären lässt sich manchmal nicht. Oft genug aber können wir Menschen selbst dazu beitragen, dass solch ein Wunder geschieht, in dem sich auch Gott offenbart und von dem sich im Nachhinein – und nur im Nachhinein – erzählen lässt.

Klaviermusik

Sie wirkte immer so stark auf mich.
Wenn ich nicht weiterwusste, sah meine Freundin einen Weg. Sie öffnete eine Tür, die ich gar nicht wahrgenommen hatte.
Sie traute sich selber viel zu. „Kein Problem", meinte sie, wo ich vor scheinbar unüberwindlichen Hürden stand. Dann packte sie es an. Und mich spannte sie mit ein.
Einen Schrank aufbauen. Formulare ausfüllen. Sich zurechtfinden auf dem Flughafen.

Sie ließ den Scheinriesen die Luft ab, so dass sie zusammenschrumpften. Dann merkte auch ich: Tatsächlich – so schwierig, wie ich geglaubt hatte, war vieles gar nicht.

Und dann saß sie mir eines Tags gegenüber. Sie rührte in ihrem Kaffee.
„Ich wollte nicht mehr leben", sagte sie.
Sie schaute kurz auf, dann erzählte sie weiter: Wie sie in ihrer Wohnung lag und nicht aus dem Bett kam. Die Glieder bleischwer, die Gedanken grau.
Gefühle nicht mehr vorhanden. Stattdessen die Frage: „Wozu bin ich eigentlich da? Die Welt kommt ganz gut ohne mich aus."

Ich konnte nichts sagen, ich war erschüttert, ich kannte ja eine Person, die gar nicht gut ohne sie auskam. Mich selber.
Wir schwiegen.

„An einem dieser schwarzen Tage hörte ich plötzlich Musik", sagt meine Freundin. „In der Wohnung über mir spielte jemand Klavier."

Und sie, meine Freundin, lauschte, und was Worten nicht gelang, gelang der Musik.
Die Töne erreichten sie.

„Es war kein spektakulärer Vorgang", erzählt sie. „Eher ein leiser". Sie nimmt einen Schluck von ihrem Kaffee. „So wie Wasser sich vorarbeitet in dürres Land, kleine Rinnsale, die breiter werden. Ich spürte meine Hände, dann meine Haut."

Der über ihr spielte lange. Lange genug.

Und sie hörte zu. Und stand wieder auf, weil es Klaviermusik gab.

Gebet: In deinen Worten

Gut, in deinen Worten
zu sein,
die mich schon halten,
bevor ich frage.

Die Schwelle

Ich trat über die Schwelle,
da blieb mein Schatten
hinter mir –
wie abgeschnitten.
Als verharre er
auf der anderen Seite.

Als könnte ich
einfach
die Tür schließen
und zurücklassen,
was mein Leben
schwer und dunkel machte.

Doch dann,
als ich weiterging,
überschritt auch der Schatten
die Schwelle
und heftete sich wieder
an meine Fersen.

Mir aber blieb
dieser eine Moment:
Ich hier. Er dort.
Und etwas war anders
als vorher.

Sommerspaziergang

„Heute steigen wir nicht auf den Bergkamm!" Meine Freundin und ich sind uns einig. Viel zu heiß. Und der Anstieg über die vielen, unebenen Treppen zu steil.
Nein, wir gehen einfach ein Stückchen entspannt durch den Wald. Und anschließend kühlen wir unsere Füße in der Kneippanlage am Bach.
Also spazieren wir los. Wie immer, wenn wir uns eine Weile nicht gesehen haben, gibt es viel zu erzählen.
Dort, wo der steile Aufstieg beginnt, biegen wir ab. Heute mal in die andere Richtung. Hier waren wir beide noch nie. Naturwald sei hier, so informiert uns ein Schild; Wald, der sich selbst überlassen bleibe, ohne menschliches Eingreifen.

Uns erwartet ein schönes schattiges Tal. Genau das Richtige an einem heißen Sommertag.
Einen kleinen Anstieg bewältigen wir leicht, klettern über einige Bäume, die wie ein Mikado im Weg liegen und kommen schließlich zur Quelle des Bachs. Dort setzen wir uns auf die steinerne Umfriedung. Still ist es hier. Nur ein leichter Wind rauscht in den Baumkronen. Und ab und zu zwitschert ein Vogel.

Später studieren wir den hölzernen Wegweiser. Ob es einen Rundweg gibt, der uns zurück zum Parkplatz führt? Die ausgewiesenen Orte liegen in anderen Richtungen. Also lieber keine Experimente, es ist schließlich schon fast 19 Uhr. Wir gehen denselben Weg zurück.

Vergnügt machen wir uns auf. Umgekehrt herum laufen ist auch interessant, der Weg sieht ganz anders aus, obwohl es derselbe ist. Die Sonne blinkt durch die Bäume. Und immer noch ist es hier im Tal angenehm kühl.

Nach einer Weile kommen wir an eine Abzweigung, die uns auf dem Hinweg nicht aufgefallen ist. Wir sind uns nicht ganz sicher, wie wir gehen müssen. „Zur Not kehren wir einfach um und nehmen den anderen Weg", sagt meine Freundin.
Wir laufen, ins Gespräch vertieft. Die Richtung scheint zu stimmen, auch wenn uns der Weg nicht bekannt vorkommt. Aber der Rückweg sieht eben anders aus als der Hinweg. Das haben wir ja selber eben festgestellt.

Nach einer halben Stunde taucht am Wegrand ein kleiner Tümpel auf. Der war vorhin definitiv nicht da. Wir sind also falsch abgebogen.
Zurückgehen kommt nicht mehr in Frage, auch dieser Weg muss ja irgendwohin führen: „Wir schauen einfach, wo wir rauskommen", meint meine Freundin und lacht.

Der Weg ist schön, zweifellos. Aber: Er zieht sich. Wir laufen und laufen, wie aufgezogen.
Endlich erreichen wir eine Kreuzung mit einem Wegweiser. Dörfer, deren Namen wir kennen, vier und fünf Kilometer entfernt. Aber weit weg vom Parkplatz, auf dem das Auto steht.

Zum Glück kommen ein paar Radfahrer vorbei. Und einer kann uns sagen, wie wir gehen müssen.
Kaum zu glauben, aber der Weg führt uns nun doch über den Kamm. Und es ist gar nicht mehr weit bis dorthin. Dabei haben wir gar nicht gemerkt, dass wir offensichtlich bergauf gegangen sind. Auch jetzt ist es ein sanfter Anstieg.
Und dann sind wir oben. Genau dort, wo wir heute auf gar keinen Fall hinwollten.

Ein weiter Blick über das Tal erwartet uns. Die Weser als dunkles Band. Felder und Wiesen am Rand, Dörfer, wie aus Spielzeughäusern. Ein Himmel, der noch rosa ist vom Sonnenuntergang, und als sei das noch nicht genug, ziert sogar noch eine schmale Mondsichel das Bild.

Wir stehen da und genießen den Anblick. Natürlich müssen wir jetzt noch ein paar Fotos machen.

Zwar sind wir nicht über die steilen Treppen hier hoch gekommen, aber sie hinabzusteigen, daran führt kein Weg vorbei. Wir wollen uns schließlich nicht noch einmal verlaufen. Diesen Weg kennen wir, er führt uns zurück zum Ausgangspunkt.
Also machen wir uns auf. Langsam, in der Dämmerung sind die unebenen Stufen nicht gut zu erkennen.

Plötzlich leuchtet am Rande ein Punkt auf. Ein Glühwürmchen. Dann noch eins. Und noch eins. Das gibt es doch nicht!
Der Wald ist voller Glühwürmchen, in unterschiedlichen Höhen schweben Lichtpunkte zwischen den Bäumen. Je dunkler es wird, desto mehr sind zu sehen. Ein Zauberwald.

Zügig voran: Das geht jetzt nicht mehr, uns ist nun völlig egal, dass es immer dunkler wird. Langsam steigen wir den Berg hinab, als gingen wir durch ein Märchen.
Schließlich haben wir die Stufen geschafft, die letzte Wegstrecke ist eben. Auch hier begleiten uns die schwebenden Lichter.
Als wir am Parkplatz ankommen, ist es dunkel. Fast 23 Uhr.

Und unser Fußbad? Vernünftig ist das nicht gerade, aber es muss sein. Schuhe und Socken aus, vorsichtig die kleine Treppe hinunter und los geht es. Kühl umfließt der Bach die Füße.
Und über dem Wasser schweben Glühwürmchen.

Auf der Rückfahrt kichern wir. „Auf keinen Fall gehen wir auf den Kamm!", sagt meine Freundin. „Einfach eine entspannte, kleine Runde", werfe ich ein.

Wir sind uns einig: Wie gut ist es doch, manchmal vom Weg abzukommen. Umwege zu gehen und dabei Ziele zu erreichen, die man selber gar nicht eingeplant hatte.
Und am Wegrand wartet manchmal ein Wunder.

Segenswunsch: Sommerliche Schritte

Frei sein,
das Leben zu lieben,
den Himmel zu loben.

Und „Danke" sagen,
so viel darf wachsen,
darf blühen und reifen,
trotz allem.

Ich wünsche dir,
dass du der Erde vertraust,
die dich hält.
Und auf ihr gehst,
mit sommerlich leichten Schritten.

JULI:
Wachsam bleiben

Du sollst dich nicht der Mehrheit anschließen, wenn sie im Unrecht ist.
EXODUS 23, 2 (E)

Allegro

Ich spiele Haydn nach einem schwarzen Tag
und spüre eine einfache Wärme in den Händen.

Die Tasten wollen. Milde Hämmer schlagen.
Der Klang ist grün, lebhaft und still.

Der Klang sagt, daß es die Freiheit gibt
und daß jemand dem Kaiser keine Steuer zahlt.

Ich schiebe die Hände in meine Haydntaschen
und ahme einen nach, der die Welt gelassen betrachtet.

Ich hisse die Haydnflagge – das bedeutet:
„Wir ergeben uns nicht. Sondern wollen Frieden."

Die Musik ist ein Glashaus am Hang,
wo die Steine fliegen, die Steine rollen.

Und die Steine rollen quer hindurch,
doch jede Fensterscheibe bleibt ganz.

(Tomas Tranströmer, Allegro, aus: ders., Sämtliche Gedichte, übersetzt von Hanns Grössel, Carl Hanser Verlag, München 1997, S. 72.)

Glashaus am Hang

Zu Tomas Tranströmers Gedicht „Allegro"

Nach einem schwarzen Tag spielt da einer Klavier. Haydn spielt er. Aber es könnte wohl auch Mozart sein, Beethoven, Bach. Ein Popsong oder ein Chanson.

Und unter seinen Händen entsteht ein Klang, der farbig zu sein scheint: Grün ist er, lebhaft und zugleich still.

Ganz anders als der Tag, der so schwarz war.
Da – so stelle ich mir vor – war Getöse. Lärm, der an die Schmerzgrenze ging, außen und innen. Da war Gefahr, beunruhigend und beängstigend, die Seele in Panik, angesichts dessen, was verletzen oder gar töten könnte.

Und nun dieser Moment. Platz nehmen am Klavier. Eine Wärme in den Händen. Einfach ist die. Die Tasten wollen. Milde Hämmer schlagen. Ja, sie schlagen. Aber sie hauen nicht drauf, sanft sind sie und erzeugen Töne, die flüchtig sind und fragil.

Sie können die erstarrte Seele ins Schwingen bringen, sie zum Leben erwecken, können grün sich entfalten, wo alles schwarz war, und Stille entstehen lassen inmitten des Lärms.

In diese Stille hinein wächst nun der Klang. Und wer ihm lauscht, der vernimmt, wie er von Freiheit erzählt: „Es gibt sie", sagt er, einfach und unbeirrbar.
Das Getöse: Es muss nun verstummen vor diesen Tönen, die sich behaupten.

Einer spielt. Und dabei hört er sich selber zu. Man kann ja für eine Weile verschwinden in der Musik, kann sich bergen darin und sich trösten lassen. Bis neue Kräfte wachsen, die dem Klang gleichen: grün, lebhaft, still.

Einer beginnt, der Musik zu glauben.
Er schiebt nun die Hände in die Haydntaschen, und ahmt einen nach, der die Welt gelassen betrachtet.
Und manchmal begründet die Haltung eine Veränderung, selbst, wenn sie nur nachgeahmt ist.
Lächle und dein Körper glaubt dir, dass du Hoffnung hast. Richte dich auf und dein Körper glaubt dir, dass du stark bist.

Stark genug, eine Flagge zu hissen, die jeder Kriegslogik widerspricht. Sie ist aus Klängen gemacht, die sagen: „Wir ergeben uns nicht. Sondern wollen Frieden."

Das alles kann die Musik.
Sie schafft aus Tönen ein Glashaus am Hang.

Dort bleibt die Wirklichkeit nicht außen vor. Nein, die Steine fliegen um es herum, ja, sie rollen sogar quer hindurch. Aber sie richten keinen Schaden an, wider Erwarten bleibt jede Fensterscheibe ganz.

Ja, er war da, dieser schwarze Tag, der alles überdecken wollte. Lärm, Getöse, Schüsse, Geschrei. Der Tod will sich absolut setzen, als ob es keine anderen Wege gäbe.

Doch nun wächst ein Klang hinein, der lässt einen Raum entstehen, der unversehrbar ist.
Ein Glashaus am Hang.

Auch der Glaube könnte so ein Glashaus sein, oder die Kunst, die Schönheit, das Licht.
Dort wächst ein Trotzdem. Ein Widerspruch.

Wir wollen Frieden. Frieden, der aus dem entsteht, was unversehrbar ist in uns.
Frieden, der ist wie der Klang milder Hämmer: Grün. Lebhaft. Still.

Unverwüstlich

Nein, ich schlag mir die großen Träume nicht aus dem Kopf:
Schwerter zu Pflugscharen.
Wolf und Lamm beieinander.
Kinder verlernen den Krieg.
Mein Herz ist Pazifistin, ist unbelehrbar darin.
Angesteckt von einer Kraft, die in uns Gedanken des Friedens denkt.
„Liebe" lautet ihr universaler und unverwüstlicher Name.
Und so ersehne ich ein Friedensministerium und keins für Verteidigung.
Und träume davon, dass die Militärhaushalte der Welt umgewidmet werden, um die Wunden der Erde zu heilen.

Zwischen Schönheit und Schrecken

Ein Herbstspaziergang, die Bäume sind schon fast kahl und die Sonne steht tief. Wir sind relativ weit oben am Rande eines Dorfes an einem Hang. Zwei Bänke stehen am Ortsrand, in einigen Metern Abstand zueinander. Von der einen schaut man nach Osten ins Tal, von der anderen nach Westen. Zu beiden Seiten hat man einen wunderbaren Blick. Was für ein schöner Fleck Erde!

Am Rande, etwa auf der Hälfte zwischen den Bänken sind ein paar Büsche gepflanzt. Ich schaue genauer und entdecke eine Grabplatte. Hier scheint jemand beerdigt worden zu sein.
Verständlich, dass man an einer solchen Stelle begraben werden möchte. Doch, überlege ich, in Deutschland herrscht Friedhofszwang.
Sich außerhalb eines Friedhofs bestatten zu lassen oder jemanden zu bestatten, ist nicht erlaubt. Ob es davon Ausnahmen gibt?
Wer hat wohl erwirkt, dass er sich hier begraben lassen darf?

Ich lese die Inschrift:

Hier ist begraben   *und wurde an dieser Stelle*
Alexander Nepomnjaschi   *von Wehrmachtsangehörigen*
geb. a. 2. März 1915   *Anfang April 1945*
in Rosow Bz Moskau   *widerrechtlich erschossen.*

Als Zwangsarbeiter   *Wir bitten um Vergebung*
wurde er auf einem Hof
in Holtensen eingesetzt   *Holtensen 2005*

Was vorher wie ein Picknickplatz erschien, wird plötzlich zu einer Gedenkstätte. Der Boden dieses malerischen Ortes ist blutgetränkt.

In den letzten Kriegstagen wurde hier ein Mensch hingerichtet. Nur 30 Jahre alt war Alexander Nepomnjaschi. Ob er schon hoffte, bald nach Hause zu dürfen? Die Menschen in die Arme zu schließen, die er liebte? Mir läuft ein Schauer über den Rücken.
Wo ich heute stehe und fast ehrfürchtig die Landschaft bewundere, hat Alexander Nepomnjaschi seinen Mördern gegenübergestanden. Vermutlich hat er unsägliche Angst gehabt, vielleicht hat er um sein Leben gefleht.
Ein Tag im April war es. Wenn die Frühblüher schon aus dem Boden kriechen, im Wald die Buschwindröschen blühen und die Knospen der Bäume dick sind, ja, auf manchen sich schon ein Schimmer Grün erahnen lässt.

Was könnte bewirken, dass jemand hinter dem Feindbild einen Menschen erkennt?
Nichts, kein Mitgefühl, nicht die Schönheit dieses Ortes, der beginnende Frühling, der schon vom Leben erzählte: All das vermochte nicht, die Männer mit den Gewehren umzustimmen. Ihr Blick war erstarrt, er ließ sich nicht betören oder verzaubern und verwandeln.
Wie in einem Tunnel legten sie an und erschossen den Wehrlosen.
Still war es dann, der Boden blutgetränkt. Ich befürchte, dass einer einen Witz riss. Dann machten sie sich lachend davon.

Gebet: Am Sommerabend

Den Blick schweifen lassen
über ein weites Tal.
Der Himmel darüber,
ein Zeltdach.

Den Schmetterling wahrnehmen,
der über die Fliederblüte wandert
und zu Abend isst.

Eine Brombeere kosten,
während Grillen zirpen
und einer dir zulächelt,
als er vorübergeht.

Lass mich anrührbar bleiben,
hüte mein Herz,
du, schöpferische Kraft,
die alles erschafft.

Lehre mich,
deine Zärtlichkeit zu spüren
für das, was lebt,
zwischen Himmel und Erde.

Begegnung und Gelassenheit

Im vergangenen Jahr veränderte sich innerhalb weniger Tage die Innenstadt in Hameln. Man hörte ein Hämmern und Klopfen, dann stand plötzlich ein kleines rotes Rondell auf dem Pflaster: eine Bank mit Fahrradständer und Steckdose, um Akkus aufzuladen.

Weitere große Bänke wurden aufgebaut, halbrund und gestuft, wie eine kleine Arena. An manchen befanden sich kleine Tische mit integrierten Schachbrettern.
Etwas später sah man Tischtennisplatten, dann zwei Kicker. Bälle gäbe es im benachbarten Geschäft, las ich auf einem Plakat.

Schließlich entstand im Schnellverfahren noch ein Pop-Up-Spielplatz mitten in der Stadt. Zuerst ein kleiner Hochseilgarten, in dem Kinder kletterten. Später eine „Playfountain", eine quadratische Fläche mit Wasserfontänen, in denen man spielen konnte.

Man spürte von Tag zu Tag mehr, wie Leben in die Stadt kam. Straßenmusikant:innen packten ihre Instrumente aus und begannen zu musizieren. Menschen blieben stehen und hörten zu. Viele setzten sich eine Weile auf eine der Bänke, um sich auszuruhen. Manche genossen ein Eis, andere packten ein kleines Picknick aus. Jugendliche spielten Tischtennis, von der Playfountain ertönte Kinderlachen und -geschrei.

Die Atmosphäre veränderte sich. Sie wurde heiterer, freundlicher, auch gelassener. Viele verlangsamten ihren Schritt. Statt zu hasten, schlenderten sie nun, statt aneinander vorbeizulaufen, begannen sie Gespräche miteinander. Und freuten sich, weil die Kinder so viel Spaß an den Wasserspielen hatten.
Abends, wenn es dunkel wurde, leuchteten die Wasserfontänen in buntem Licht, Musik erklang dazu und manchmal trauten sich nun ein paar Erwachsene hinein und wurden wieder zu Kindern.

Für mich hat sich in diesem Sommer eine Sehnsucht nach anderen Innenstädten entwickelt.
Was, wenn sie von Konsumgebieten zu Begegnungsstätten würden?
Bänke und kleine Spielregionen, aber auch mehr Grün, Blüten und Bäume. Je schmaler die Autos würden, so habe ich einmal in einer Reportage gesehen, desto mehr Platz wäre für Alleen zum Flanieren und für Radwege, auf denen man gerne führe.

Ich stelle mir vor, dass es ein Segen sein könnte, wenn aus der erschöpften und die Ressourcen erschöpfenden Leistungs- und Wachstumsgesellschaft eine Begegnungs- und Genug-Gesellschaft werden dürfte.
Mag sein, dass unser Wohlstand weniger würde. Lebensfreude und Lebenslust aber – so stelle ich mir vor – vermehrten sich.

Segenswunsch: Dir treu bleiben

Das Gesicht wahren
heißt manchmal gerade nicht,
so zu bleiben,
wie du bist.

Du darfst dich verändern:
deine Gewohnheiten,
deine Meinungen,
dein Urteil.

Ich wünsche dir den Mut,
neue Schritte zu wagen
und gerade so dir selbst
treu zu bleiben.

AUGUST:
Zärtlich und heilsam

Der HERR heilt, die zerbrochenen Herzens sind, und verbindet ihre Wunden.
PSALM 147, 3 (L)

Der Zaubergarten[1]

Eines Tages war Sally da. Auf dem Weg, nah bei dem Feld, auf dem Liss eben versuchte, einen Hänger an ihren Traktor anzukuppeln. Doch der steckte in einer Furche fest.

Die ältere Frau bittet das magere Mädchen, ihr zu helfen. Sally hievt nicht nur den Hänger auf die Kupplung des Treckers, nein, sie fährt mit auf den Hof, der Liss gehört. Und sie bleibt einfach dort.
Liss fragt nicht viel. Doch sie ahnt, dass Sally sich bei ihr versteckt.

Zu Beginn gehen die beiden einander meist aus dem Weg, doch nach und nach bezieht Liss Sally ein in die Aufgaben, die zu tun sind.

---

1   Nach: Ewald Arenz, Alte Sorten, 7. Auflage, Köln 2021, S. 108ff.

An diesem Tag nimmt sie das Mädchen auf einen von Gestrüpp überwucherten Weg mit. Mühsam öffnet sie im hüfthohen Gras ein Törchen, das in einen alten Obstgarten führt.

Sally ist wie verzaubert von dieser verborgenen, verwilderten Wiese, auf der in seltsamem Kontrast schnurgerade aufgereiht Birnbäume stehen. Nie hat sie einen schöneren Garten gesehen.

Liss aber geht nur einmal im Jahr dorthin. Wenn die Birnen geerntet werden müssen. Bittere Erinnerungen stellen sich dann in ihr ein. Wie damals ihr Vater die Birnbäume dort gepflanzt hat: alte Sorten, in Reih und Glied.
So wie er versucht hat, sie zu erziehen: kalt, hart, streng.

Sie wirft Sally Birnen zu, unterschiedliche, alte Sorten und leiert die damals gelernten Fakten dazu herunter: Name und Geschichten.

Und Sally probiert, runde und ovale, gelbe, graue, roséfarbene. Jede der Birnen hat ihre eigene Farbe und Form, ihren eigenen Geschmack.

Während sie ernten, erfährt Sally die Geschichte der wortkargen, älteren Frau, von ihrem so lieblosen Vater, der sie behandelte wie seine Birnbäume, sie zwingen und anbinden wollte, damit sie seinen Vorstellungen entsprach.

Sally aber kann den Garten anders ansehen als Liss. Ein Bild sei er, sagt sie. Von einer späten Rache. Denn das Leben hat sich nicht einzwängen lassen. Es hat sich nicht unterkriegen lassen, von dem, der es beschneiden und sich unterordnen wollte.

In Ruhe gelassen, hat es seine Schönheit neu entfaltet, hat einen Zaubergarten entstehen lassen, wilder und prachtvoller denn je.
Ich stelle mir vor, wie ihr Blick vom Garten zu Liss wandert. Ihre Augen sagen: so wie bei dir.

Gebet: Tohuwabohu

Gott, Schöpferin des Lebens,
aus dem Tohuwabohu
machst du einen Garten.

Sieh mein Herz an,
nimm es in deine Hände,

Heile, was zerbrochen ist,
gestalte, was verwüstet ist.

Pflanz Hoffnung ins Brachland
und Liebe in den dürren Boden.

Erbarme dich meiner.

Wien statt Venedig

Eigentlich wollte ich nach Venedig. Doch dann bin ich in Wien gelandet. Nichts gegen Wien. Es könnte auch eine andere Stadt sein. Amsterdam, Kopenhagen, Berlin oder Prag.
Nur eben nicht Venedig.

Keine Lagune. Ich werde den Markusplatz nicht sehen, nicht durch die engen Gassen schlendern, nicht die Brücken überqueren mit dem unvergleichlich blaugrünen Wasser darunter. Keine Kunstwerke alter Meister. Keine Gondeln.

So fühlt es sich an, wenn die Pläne platzen. Ich bin eingestiegen, hatte den Reiseführer schon in der Hand. Aber als ich ausgestiegen bin, stimmte er nicht. Bilder und Straßennamen waren verkehrt. Als sei ich am falschen Ort gelandet, im falschen Leben.

Und nun?

Es dauert, sich abzufinden. Immer wieder einmal trauere ich dem hinterher, was ein Traum geblieben ist und sich nicht ins Leben holen ließ.

Und doch möchte ich darüber nicht verbittern.
Vielleicht kommt er, der Punkt, an dem ich merke: Auch in Wien lässt sich vieles entdecken, obwohl es nicht Venedig ist. Ich schlendere durch den Prater und wage mich ins Riesenrad. Einmal die Stadt von oben betrachten. Manchmal gönne ich mir ein wunderbares Konzert. Und im Kaffeehaus lasse ich mir ein Stück Sachertorte mit Schlagobers schmecken.

Auch, wenn die Träume platzen und ich anderswo gelandet bin als geplant: In meinem Leben gibt es trotzdem viel Gutes. Jeder Tag ist es wert, entdeckt und gelebt zu werden.

Nach dem Neuanfang

Der wortlosen Stille in mir
nicht vorschnell den Garaus machen,

Höre ich sie,
hör ich plötzlich auch
die Vögel draußen singen.
Höre Menschen auf ihrem Weg
zum Markt, hör
die laute Stimme,
deren Sprache ich nicht verstehe,
und das leise Kratzen
des Bleistifts auf dem Papier.

In meine Gedanken
klingt ein Ton,
von dem ich nicht weiß,
ob es meiner ist.

Wer weiß, vielleicht spricht eine(r):
(Es) werde.

Andante grazioso

Samstagmorgen. Ich hörte Radio, „Klassik auf Wunsch" und dachte: „Eigentlich kann ich da ja auch mal mitmachen." Ich schrieb also eine Nachricht:

„Liebes Team, ich wünsche mir von Wolfgang Amadeus Mozart aus der Klaviersonate A-Dur, KV 331, das Andante grazioso mit seinen Variationen. Für mich ein Stück, um in den Himmel zu schauen und Vertrauen ins Leben zu gewinnen."

Dann lauschte ich, nun ganz gespannt, weiter dem Radio, doch mein Wunsch kam und kam nicht dran. Als für den Rest der Sendung nur noch fünfzehn Minuten Zeit waren, gab ich die Hoffnung auf, denn mein Stück war recht lang.

Also holte ich den Staubsauger aus dem Putzschrank und begann zu saugen. Dabei erwischte ich mich bei ziemlich trüben Gedanken. Bilder gingen mir durch den Kopf, von dürren Böden und reißenden Wassermassen. Von Hochhäusern, die durch Bomben zerstört waren, und Menschen in U-Bahn-Schächten, die um ihr Leben bangten.

Eigentlich war ich immer ein hoffnungsvoller Mensch gewesen. Aber in den letzten Wochen schwand diese Zuversicht, ich begann, das Vertrauen ins Leben und in die Zukunft zu verlieren. Mir erschien es immer wahrscheinlicher, dass die Menschen die Erde zugrunde richten würden, und das in gar nicht allzu langer Zeit.

Ein Stuhl stand im Weg, ich machte den Staubsauger kurz aus, um ihn beiseite zu räumen. Und da hörte ich das Klavier – schlicht, schön und tröstlich. Andante grazioso und Variationen aus der Klaviersonate A-Dur, KV 331. Mein Stück, das ich mir gewünscht hatte.

Das Thema hatte ich schon verpasst.

Die Noten aber standen auf meinem Klavier, schnell setzte ich mich auf den Hocker und las mit, jeden einzelnen Ton, las und hörte zu, konzentriert, selbstvergessen, angerührt.

„Musik, um zum Himmel zu schauen und Vertrauen ins Leben zu gewinnen". Das hatte ich selber geschrieben.

Und dann hatte ich den Staubsauger angemacht. „Sie werden sie sowieso nicht mehr spielen, meine Zukunftsmusik."

Während der Moderator meine Zeilen vorlas und das Stück schon begonnen hatte, hatte ich mich in trüben Gedanken verloren.

Wie gut ist es doch manchmal, wenn etwas im Weg steht. Nur darum hatte ich mich unterbrochen. Und hörte plötzlich den Klang.

Wer weiß, dachte ich später, vielleicht spielt auch in der Welt schon eine Musik, die deine Hoffnung nährt und dir neues Vertrauen ins Leben gibt. Und du hörst sie nicht bei den lärmenden Bildern und Tönen, die um dich sind. Unterbrich dich, halte ein in deinem Trübsinn. Und lausche.

Später habe ich mich an mein Klavier gesetzt und habe mir selbst das verpasste Thema vorgespielt. Ich spielte. Und öffnete der Hoffnung neu die Resonanzräume in mir.

Mozart. Lange vor meiner Zeit entstand diese Musik. Ein wiegender Takt, schlicht, schön und tröstlich. Andante grazioso. Grazie, das lässt sich mit Anmut übersetzen, aber auch mit Gunst, Liebe, Gnade oder Dank.

Segenswunsch: Blühstreifen

Mohn und Ringelblume,
Malve und Kapuzinerkresse,
Sonnenblumen und Lupine.
So vieles leuchtet am Rande.

Ich wünsche dir
einen Blick für das,
was geworden ist.

Einer hat
Blühstreifen angelegt.

Auch in deinem Leben.

SEPTEMBER:
Fern und doch nah

> Bin ich nur ein Gott, der nahe ist, spricht der HERR, und nicht auch ein Gott, der ferne ist?
> JEREMIA 23, 23 (L)

Fern und doch nah

Wie kann jemand nah und fern sein? Und das womöglich zugleich?

Ich denke an meinen Vater. Schon vor über dreißig Jahren ist er gestorben. Und doch spüre ich ihn manchmal in meiner Nähe. Die Erinnerungen holen ihn hervor. Und dann ist es tatsächlich so, als sei er da. So nah, dass mir warm wird – von innen, vom Herzen bis in die Fingerspitzen. Dass jemand da sein kann, obwohl er weit weg ist, ja, vielleicht gar nicht hier auf dieser Erde, scheint mir vorauszusetzen, dass wir unser Leben miteinander geteilt haben, manchmal eine weite Wegstrecke, manchmal nur wenige Augenblicke.

Wie aber ist es mit Gott, den ich weder sehen noch anfassen kann? Wie kommt er – oder sie – Menschen nah? So, dass gemeinsame Erfahrungen entstehen, an die ich mich erinnern kann, die Gott spürbar sein lassen, auch, wenn er fern ist?

Es gibt Menschen, die von spektakulären Ereignissen erzählen, die zum Wendepunkt ihres Lebens wurden. Ein wundersames Ereignis. Eine Bekehrung. Vom Saulus zum Paulus, wie es sprichwörtlich geworden ist.
So etwas hat es in meinem Leben nicht gegeben.

Aber mir wurde früh erzählt von Gott, er (ja, er!) wurde sozusagen vorausgesetzt. Mittags und abends beteten wir. Sonntags besuchte ich den Kindergottesdienst.
So selbstverständlich wie die Eltern war auch Gott da. Und so scheint mir heute, ich habe ein Urvertrauen mitbekommen, dass das immer so ist. Auch, wenn ich ihn nicht anfassen kann oder ihn manchmal auch gar nicht mehr spüre. Ein guter Boden unter meinen Füßen ist dieses Vertrauen.

Ob man das auch später noch lernen kann?
Indem man voraussetzt, dass es Gott gibt. Und lebt, als ob er oder sie in der Nähe sei.

Mir tut es gut zu wissen, dass Gott nicht an dem hängt, was ich spüre oder glaube. Er kann da sein, auch, wenn ich ihn verloren habe. Ja, selbst, wenn ich nicht mehr an ihn glauben kann, kann ich so leben, als gäbe es ihn. Als umgäbe er mich, wo immer ich bin.

Ich schaffe mir kleine Rituale, um ihm Raum zu geben.
Ich lese biblische Worte, die Losungen etwa, am Morgen.
Ich nehme mir eine Weile, in der ich nur lausche. Auch, wenn es still bleibt. Ich gestehe Gott sein Schweigen zu. Ich bleibe da, auch wenn er fern zu sein scheint.

Später spreche ich zu ihm. Ich breite vor ihm aus, was mich bewegt. Und erinnere ihn und mich daran, dass er die Liebe ist.

Wo immer ich bin, kann ich leben, als sei er da.

Vielleicht spüre ich ihn und mir wird warm vom Herzen bis in die Fingerspitzen.
Vielleicht spüre ich nichts. Dann will ich mir sagen: Gott hängt nicht an dem, was ich empfinde. Ich will einüben, zu glauben und zu vertrauen: Selbst, wenn er fern ist, kann er doch da sein, mir nah.

Gebet: Schweigen

Manchmal geht mir der Glaube verloren,
dass du da sein könntest.
Wo bist du,
warum greifst du nicht ein?

Siehst du sie denn nicht?
Die Menschen,
die von irre gewordenen Mächtigen
ausgehungert und weggebombt werden?

Hörst du es denn nicht?
Wie die Erde ächzt?

Tod wohnt mitten unter uns.
Und Leid und Schmerz und Geschrei.
Und keiner da, der die Tränen abwischt.

Wo bleibt dein
Trost der ganzen Welt?
Wo ist der neue Himmel,
auf den wir warten?

Du willst unter uns wohnen!
Ich höre nichts
als eine Stille,
in der du
zu schweigen scheinst.

Im Dunkeln

Sie war allein in die Stadt gereist zu diesem besonderen Ereignis. Am Vorabend ein Gottesdienst. Dort traf sie Freunde, ein Ehepaar. Die beiden aber übernachteten in einem anderen Hotel.
Ein kleines Stück gingen sie gemeinsam. Die beiden erzählten, dass sie eingeladen seien zu einem Fest. Dort würden sie andere Freunde treffen, mit denen es immer sehr lustig sei. So wie damals etwa, dann gab eine Anekdote die nächste und beide lachten.
„Wir biegen jetzt hier ab", sagte der Freund. Da ist gleich das Lokal, in dem wir feiern." Er strahlte.
„Weißt du, wie du jetzt gehen musst?", fragte die Freundin. Sie kannte sich aus in dieser Stadt. Mit der Hand deutete sie auf verwirrende Weise Wege an.
Dann verabschiedeten sie sich voneinander.
Sie wandte sich ab und bewegte sich in die Richtung, die ihr gezeigt worden war. Dunkel sah es dort aus. Als habe eben einer ein Licht gelöscht. Sie war allein.

Schillernde Wirklichkeit

An einem heißen Tag saß ich am Springbrunnen mit seinen hohen Fontänen. Der Wind verwehte die feinen Tropfen und trug sie zu mir. Und in der Sonne bildete sich ein Regenbogen, ein Fleck nur, der sich immer mal wieder ausdehnte und dann tatsächlich zu einem Bogen spannte, der beinahe den Boden berührte.

Dann stand er da, mitten in diesem Park, vor den Büschen, die eine Grenze bilden. Menschen gingen darunter durch, ohne es zu wissen, weil man es gar nicht selber bemerken kann. Ein Regenbogen bildet sich ja nur gegenüber, auf der anderen Seite. Wenn die Sonne im Rücken ist und die Tropfen oder die Wolkenwand vor dir.
Nur einer anderen Person kann es so erscheinen, als gingst du hindurch. Sie müsste dich ansprechen, um dir zu sagen, was sie gesehen hat. Dann würdest du dich besonders fühlen, königlich, als habe dir jemand Würde verliehen und dich gesegnet.

Eine ganze Weile saß ich am Springbrunnen. Schaute zu, wie die Menschen unter den schillernden Farben hindurchgingen, die seltsam unwirklich schienen, während die Tropfenschleier meine Haut kühlten.
Später ging ich dort, wo der Regenbogen ungefähr erschienen war. Wer weiß, vielleicht war er immer noch da. Ich hatte niemanden, den ich fragen konnte. Aber ich ging mit aufrechtem Rücken, königlich.

Sommerpsalm

(nach Psalm 139)

Auf Flügeln der Morgenröte
träum ich mich hierhin und dort
flieg ich durch ferne Länder
und überquere lautlos und leicht
jedes der sieben Meere.

Mit Staren und Mauerseglern
zieh ich den Himmel entlang
und lausche dem Ruf des Kranichs
aus dem durchsichtigen Gewebe
der Sehnsucht.

Wohin ich auch geh
und mich träume,
wie weit ich auch ziehe,
wie tief ich auch falle:

Am Ende finde ich
mich wieder
und wieder bei dir.

Segenswunsch: Leuchtender Augenblick

Ich wünsche dir,
dass du dem Leben
täglich
einen Augenblick hinzufügst,
der es aufleuchten lässt.

Sei er auch klein,
er wiegt doch schwer.
Mutig stemmt er sich
dem entgegen,
was auf dir lastet.

OKTOBER:
Alle Morgen neu

> Die Güte des HERRN ist's, dass wir nicht gar aus sind, seine Barmherzigkeit hat noch kein Ende, sondern sie ist alle Morgen neu, und deine Treue ist groß.
> KLAGELIEDER 3, 22F. (L)

Wendepunkt

Eine lange, fast endlose Klage. In achtzehn Versen zählt einer fast alles auf, was er erleben muss: Wie er in der Finsternis sitzt, die Haut alt wird und faltig, er selber bitter wird, das Leben so mühsam. Er findet keinen Weg heraus aus seiner Not, wie von Steinen vermauert scheinen die Wege. Und er klagt Gott an: Du hast mir das angetan, hast mir aufgelauert und mich mit Pfeilen beschossen, mich zum Gespött gemacht und mich aus dem Frieden vertrieben.
Ein kleines Gebet: Denk an mich! Sieh mich an!
Und plötzlich dieser Satz, wie ein Wendepunkt:
„Die Güte des HERRN ist's, dass wir nicht gar aus sind, seine Barmherzigkeit hat noch kein Ende, sondern sie ist alle Morgen neu, und deine Treue ist groß."
Als habe sich plötzlich das Gefühl, von Gott verlassen und vergessen zu sein, in Vertrauen gewandelt.

Was hat diese Wende ausgelöst? Man könnte denken, es sei dieses kleine Gebet gewesen. Vielleicht war es so. Der Moment, in dem ich aus der Anklage eine Anrede mache, da spürte ich schon: Er könnte ja doch noch da sein, der Gott, von dem ich mich fast schon abgewandt hatte. Er, dem ich mein Elend vorgeworfen habe, vielleicht hat er doch Gutes im Sinn?

Aber eigentlich glaube ich, dass etwas anderes eine ebenso wichtige Rolle gespielt hat: dass der Betende alles, wirklich alles, was ihm auf der Seele lag, aussprechen durfte.
Niemand hat ihm den Mund verboten, als er Gott anklagte, ja, gar beschimpfte. Auch Gott selbst hat sich nicht verteidigt, hat ihn nicht in die Schranken gewiesen: „Was fällt dir ein?"

Und dann, als alles, jede Frage und jede Klage, zum Himmel geschrien ist, da ist es, als ob eine Mauer zerbröselt, die Gott verstellt.
Und nun wird er neu erkennbar: als Liebender, der Zukunft schenkt.

Ich erinnere mich an einen Mann, den ich im Krankenhaus besucht habe. Ganz plötzlich wird er eingeliefert, Hals über Kopf, und dann gleich eine so schwere Diagnose: Krebs, der operiert werden muss. Angst hat er. Ein Katastrophenfilm läuft in ihm ab, der schonungslos ist und alles zeigt, was passieren könnte.
„Was wird aus mir? Was aus meiner Frau, meiner Tochter, sie ist doch noch so klein!"
Lange, lange nimmt die Angst sich Raum. Dann die Fragen: „Warum? Habe ich etwas falsch gemacht? Warum ich, warum lässt Gott das zu?"
Er schimpft, er wird traurig. Erinnerungen kommen, er erzählt. Von dem, was er schon erlebt hat und dem, was er bewältigt hat.
„Da haben Sie eine Menge geschafft!", sage ich.
„Ja", sagt er und seine Stimme klingt plötzlich kämpferisch. „Und das schaffe ich jetzt auch!", sagt er. „Und Gott gibt mir Kraft".

Als ich ihn nach der OP wieder besuche, ist er noch schwach. Aber auch zuversichtlich. „Gestern war meine Familie da", erzählt er. „Meine Toch-

ter hat mir ein Bild gemalt." Er lächelt. Dort liegt es. Zusammen schauen wir es an. Die kleine Familie im Zoo, bei den Flamingos.
„Bald gehe ich mit ihr dorthin", sagt er.

Wir sprechen eine Weile, auch über die Angst. „Klar, sie kommt zwischendurch wieder hoch!", sagt er. Dann bete er. Manchmal jedenfalls. Die Zukunft habe keine Fratze mehr, vor der er erschrecke. Sie habe ihr Gesicht verändert und komme ihm freundlich entgegen.

Gebet: Dank-Adresse

Es gab Augenblicke,
da stand es auf der Kippe,
es gab Momente,
die waren riskant.

Glück gehabt? Zufall?
Wer weiß –

Ich bin noch hier,
auf dem Erdenball.

Und spüre,
dass es nicht selbstverständlich ist,
am Morgen aufzustehen,
die Wolken zu sehen,
die Meisen zu hören
und frisches Wasser zu spüren
auf meiner Haut.

So suche ich nach einer Adresse
für meinen Dank.

Und schick ihn zum Himmel,
zu dir,
von der es heißt,
gütig, barmherzig, treu
sei sie.

Besonders

„Was ist daran besonders?" Fragend sieht der Junge, er mag vier Jahre alt sein, seine Mutter an. Ich sehe die beiden auf dem Gehsteig an der Straße stehen. Sie schauen auf einen Löwenzahn, der zwischen den Steinen gewachsen ist.
Ja, was ist daran besonders? Löwenzahn gibt es überall, am Straßenrand und auf den Wiesen leuchten die Blüten einem entgegen.

Was mag die Mutter geantwortet haben? Kann sie dem Kind vermitteln, warum das, was so selbstverständlich erscheint, ihr doch besonders vorkommt und sie ins Staunen bringt?
Als ich weitergehe, überlege ich, was ich selber gesagt hätte. Wie ich erzählt hätte von einem grausilbernen, schwebenden Schirmchen, von einer Wurzel, die wie ein Pfahl in den Boden zwischen den Steinen wächst, von Blättern, die sich durch einen kleinen Spalt zwängen und sich im Licht entfalten, von einer Blüte, die nun blüht an einem unwirtlichen Ort.

Was ist daran besonders? Die Frage scheint mir eine kluge Frage zu sein. Ich will sie mir viel öfter stellen und Antworten darauf formulieren. Das öffnet mir die Augen dafür, dass das Leben nicht selbstverständlich ist, sondern voller Wunder.

Kleine Ewigkeit

Ich sehe,
und dann sehe ich plötzlich
zu meinen Füßen
am Ufer
liegen Muscheln.
Und im Wasser spiegelt sich
eine Ente.
Längliche Blätter treiben
wie eine kleine Flotte flussabwärts.

Ich höre,
und dann höre ich plötzlich
neben dem Plätschern
des kleinen Zuflusses
einen Notarztwagen heulen.
Und von Ferne kläfft ein Hund.

Ich spüre,
und dann spüre ich plötzlich,
wie die Sonne meine Arme wärmt.
Doch meine Beine sind kühl
vom Stein, auf dem ich sitze.
Einmal streicht eine Brise
erst übers Gesicht
und dann durchs Haar.

Ich rieche,
und plötzlich rieche ich
einen Hauch eines Krauts,
das ich nicht kenne.
Den Fluss, sein Wasser.
Und das Shampoo vom Morgen.

Ich bin hier,
wenn ich sehe und höre,
fühle und rieche.

Die Zeit fließt vorbei
als sei sie aus Wasser gemacht.
Ich schaue zum Fluss,
der den Lichtglanz hält.

Kleine Ewigkeit.

Anders gesagt: Erntedank

Gott wickelt ihren Segen ein.
Als sei es ein Geschenk für jemanden, der ihr am Herzen liegt.
Sorgsam verpackt sie ihre Gaben.
Nicht in Papier, sondern in Farben und Duft.
So schmückt sie die Schöpfung aus
mit ihrer Fantasie.

Apfelblüten zum Beispiel. Zarte Farben an knorrigen Ästen.
Was vor kurzem noch kahl war,
erscheint in einem neuen, festlichen Gewand.
Und wie schön im Spätsommer die Früchte sind.
Von weitem schon leuchten die Äpfel einem entgegen.
Später schmiegt einer sich glatt und glänzend in die Hand.
Wie köstlich er duftet und schmeckt!

siehe EG 503, 2

Segenswunsch: Farbfreudig

Augen, die farbfreudig sind,
wünsche ich dir.

Leicht reichen sie weiter,
was sie entdecken.

Weiß, Pink, Lila, Rosé:
Astern in kraftvollen Tönen.

Grün, Gold, Rot und Gelb:
Bäume im herbstlichen Kleid.

Und deine Seele sammelt
Freudenvorrat für den Winter.

NOVEMBER:
Heimathafen: Himmel

> Wir warten aber auf einen neuen Himmel und eine neue
> Erde nach seiner Verheißung, in denen Gerechtigkeit wohnt.
> 2. PETRUS 3, 13 (L)

Stille wird sein

Stille, so träume ich,
wird sein,
wenn du kommst.

Stille
wie vor dem
neuen Anfang.
Wenn der Morgen jung ist
und ohne Arg.

Da schweigt der Schmerz.
Eine ferne Erinnerung,
von der wir sagen:
vorbei!

Der Tod geht vorüber,
als kenne er uns nicht,
als wisse er selbst
nichts mehr anzufangen
mit sich.

Stille wird sein,
wie vor dem
neuen Anfang.

Und wir dürfen ruhen
in dir.

Andere Orte

„Andere Orte", so heißt ein Buch, das der Verein „Andere Zeiten" herausgegeben hat. Öffne ich es, so finde ich auf den Umschlaginnenseiten eine Landkarte: Orte sind dort verzeichnet, deren Namen ich nie gehört habe. Eiferstedt und Arbeitsfalle, Neidingen und Anfangsgrund.

Eine Landkarte der Gefühle, die ich mit meinen Gedanken durchwandern kann. Neugierig mache ich mich auf den Weg.

Gar nicht weit entfernt von der Durststrecke liegt das Dorf Wendepunkt.
Auch Frustburg und Trostfurt sind nah beieinander.
Und Hoffnungshausen, so stelle ich mir vor, wartet einladend in der Sonne.

Die Verdränginsel scheint mir schwer zugänglich, ja, kaum erreichbar.
Und ob in Übermuting wohl eine Kapelle aufspielt zum Tanz?

An einem entlegenen Ort ist das Traumziel verzeichnet, es ist wohl ein weiter Weg dorthin. Dennoch, der lohnt sich bestimmt, denn ich weiß, wie glücklich es mich macht, wenn ich ein solches Ziel erreiche.

Ich mag die Idee, mir die Welt meiner Gefühle als eine Landschaft vorzustellen.
Manchmal stecke ich fest an einem Ort, ich bemerke nicht, dass es nur wenige Schritte sind bis zum nächsten. Und es gibt tatsächlich Zeiten, in denen ich mich an einem Tränenmeer befinde. Dann wieder stehe ich auf einem Hochplateau und genieße mein Leben.

Beweglich bleiben, das wünsche ich mir.
Beweglich sein, heißt lebendig sein. Ja, ich werde ab und zu auch über ein Wutgebirge steigen müssen. Und manchmal liegt eine Angstschlucht vor mir, durch die ich hindurch muss. Dann hoffe ich auf das Klicken eines Steckens, der mir sagt: Du gehst nicht allein.

Viele Wege und Orte werde ich auf der Landkarte besuchen, die mein Leben darstellt. Und dann, so hoffe ich, werde ich ankommen dürfen: Im Heimathafen mit seinen warmen Lichtern, nach dem ich mich manchmal sehne. Wie schön muss es sein, am Abend dort empfangen zu werden.

(Andere Zeiten e.V. (Hg.), Andere Orte, 3. Auflage, Hamburg 2019.)

Gebet: Unterpfand

Novembertage, da sind die schweren Momente so nah.
Du weißt, Ewige, von den vergangenen Jahren.
Was selbstverständlich erschien, ist ins Wanken geraten.
Was wird noch kommen, frage ich mich.

Wie gut tun mir die alten Worte,
von einem neuen Himmel und einer neuen Erde,
in denen Gerechtigkeit wohnt.

Ewige, schenk doch Momente,
die wie ein Unterpfand sind,
in denen es spürbar wird:
Du bist da.

Du umfängst uns schon hier
und lässt uns wohnen
in deinen Worten,
in denen Frieden ist.

Vor der Reise

Die Sachen sind gepackt, gleich wird er sich auf den Weg machen. Eine Reise nach Berlin, lange schon hat er sich darauf gefreut. Einmal noch durch die Wohnung gehen, hat er an alles gedacht?
Die Fenster sind geschlossen, die Heizungen runtergedreht. Lichter sind gelöscht, der Herd ausgeschaltet. Auch der Computer ist runtergefahren. Seine Lesebrille liegt auf dem Tisch neben dem Sessel. Auf dem dicken Buch, das er zu Ende lesen will, wenn er zurück ist.

Wegzufahren ist anders, seit er alleine wohnt. Die Wohnung kommt ihm vor der Abfahrt so verlassen vor.

Er spürt diese kleine Angst. Wie jedes Mal. Ob alles gut gehen wird?
Der Film läuft ab. Was alles passieren könnte! Selbst das schlimmste Szenario bleibt ihm auch diesmal nicht erspart.
Was, wenn er gar nicht zurückkehren wird?
Wenn eine Nachbarin die Wohnungstür öffnen wird?
Die Brille liegt dort, als habe er sie eben noch auf der Nase gehabt, um das Buch zu lesen, wo ein Lesebändchen zeigt, wie weit er gekommen ist.

Nach dem Tod seiner Mutter hat er die Wohnung ausgeräumt. Alles erinnerte an sie. Als ob sie gleich durch die Tür treten und ihr Leben wieder aufnehmen würde:
Die Schranktür öffnen.
Tee aus der halbvollen Dose in die Kanne füllen.
Oder das Buch zu Ende lesen, die Brille auf der Nase.

Er schüttelt den Gedanken ab. Ein kleiner Comic fällt ihm ein.

Da sitzt der melancholisch veranlagte Charlie Brown mit seinem Hund Snoopy auf einem Steg und schaut ins Weite.

„Eines Tages werden wir alle sterben, Snoopy", sagt Charlie und ich stelle mir vor, dass seine Stimme resigniert und traurig klingt.
„Ja, das stimmt", antwortet der kluge Hund. „Aber an allen anderen Tagen nicht."

Er greift nach dem Koffer und lächelt. Sterben kommt später. Sagt Snoopy. Und so lange wir leben, stimmt das ja auch.
Er nimmt sich vor, immer wieder, immer öfter daran zu denken.
Heute, das ist der Tag, um zu leben. In jedem Moment.
Dann öffnet er die Tür: Auf geht's!

Die weiße Brücke

Einmal werde ich
über die weiße Brücke gehen.
Dann werden in meinem Haus
andere wohnen.

Einmal wird einer mir
die Kiepe vom Rücken nehmen,
in der ich sammelte, was nicht
mir gehört.

Sein Brot werde ich essen.
Werde frei sein.
Und leben.

Segenswunsch: Hoffnungsbilder

Dann soll alles neu werden –
und so wird es sein:
Gott ist nah bei den Menschen.
Da ist kein Tod mehr,
nicht Leid, Schmerz und Geschrei.

Ich wünsche dir,
dass Hoffnungsbilder aufschimmern
hinter dem dunklen Glas
deines Lebens.

Und deine Tage,
die kleinen und die großen,
durchziehen
mit ihrem Schein.

DEZEMBER:
Auf zum Licht!

> Mache dich auf, werde licht; denn dein Licht kommt, und die Herrlichkeit des HERRN geht auf über dir!
> JESAJA 60, 1 (L)

Mache dich auf!

Dichtgemacht hatte er. Die Tür und das Herz.
Hatte sich im Dunkel verkrochen. Hier war er geschützt.

Unmengen Tee hatte er getrunken. Der sollte von innen wärmen. Und oft genug auch ein Glas Wein zu viel. Warum fror er nur so, selbst, wenn es warm war? Er hüllte sich in eine Decke und zog sie fest um sich.

„Das passiert mir nicht wieder!", dachte er. Nie wieder so sehr vertrauen! Vertrauensselig war er gewesen, ja, das konnte man sagen.
Es hatte auch so gut angefangen. Und dann war alles so plötzlich vorbei.

Nie wieder! Er nahm einen Schluck Tee. Die Tasse war schon wieder fast leer. Er stand auf, füllte frisches Wasser in den Kocher und drückte auf die Taste. Rot leuchtete das Lämpchen auf. Und das Wasser begann zu rauschen.

Er erinnerte sich. Doch, es gab auch die anderen. Die waren geblieben. Fragten, wie es ihm gehe. Ob sie etwas tun könnten für ihn.

Er füllte Tee in den Filter, dann goss er das kochende Wasser darüber. Fünf Minuten ziehen lassen.
Gegenüber leuchteten Sterne und Lichterketten.

„Macht hoch die Tür". Wie festlich hatte es geklungen, wenn sie am 1. Advent das Lied mit dem Posaunenchor gespielt und die Menschen im Kirchenschiff mitgesungen hatten. Bei der letzten Strophe hatte sogar die Orgel eingestimmt. Und die erste Kerze auf dem großen Kranz leuchtete.

Advent. Schön war das gewesen, als er ein Kind war! Es duftete nach Zimt und Mandarinen, ganz anders als sonst. Auf dem Wohnzimmertisch stand ein Gesteck aus Tannenzweigen.
Und dann der Adventskalender. Jeden Tag ein Türchen öffnen. Und dahinter wartete ein Stern oder ein Engel aus Schokolade.

Er nahm den Teebeutel aus der Tasse und umschloss sie mit beiden Händen.

Im Lauf des Lebens war es schwieriger geworden, die Türen zu öffnen. Vor allem die inneren. Er dachte daran, als ausgerechnet sein bester Freund ihn in der Schule verpetzt hatte. Da hatte er auch dichtgemacht. „Nie wieder".
Ganz so war es dann doch nicht gekommen. Er hatte neue Freund:innen gefunden. Aber er war vorsichtiger geworden und schaute genauer hin.

Die Hände wurden nun warm von der Tasse, die er hielt. Vorsichtig nahm er einen ersten Schluck.
Ob das wieder, noch einmal möglich sein würde? Vertrauen.
Vorsichtig anfangen. Die Tür einen Spalt breit aufmachen. Und dann sich selber. Licht hereinlassen, erstmal ein bisschen, ins Herz, ins Leben.

Er musste sich ja nicht gleich ganz herauswagen. Notfalls könnte er sich zurückziehen, wenn es nötig wäre.
Gut achtgeben: Meint der oder die andere es wirklich gut mit mir? Vielleicht wartete tatsächlich ein neues Licht dort, auf und für ihn.

Raureif

Noch hüllt sich der Morgen
in Nebel, hüllt das Geheimnis ein
dieser rauhen Nacht.
Erst das Licht,
und sei es auch klein,
wird den Glanz sichtbar machen, dann
werden die trockenen Dolden am Ufer
Sterne sein, werden glitzern und funkeln
als sei in ihnen ein Echo,
ein kleines Gloria,
immerhin, immerdar,
jener Nacht, die wir
heilig nennen.

Kreideengel

Advent 2020. Der Weihnachtsmarkt wurde abgesagt, die Stadt ist ungewohnt leer. Wenige Menschen nur gehen eilig mit Abstand und Maske umeinander herum, wie in einem seltsamen Tanz.
Ich denke zurück. Ein Jahr erst soll es her sein, als alles „normal war". Da standen hier Buden, mit Tannenzweigen und Lichtern geschmückt, und man kam im Gedränge kaum voran. Menschen lachten und schwatzten bei Bratwurst und Glühwein, manche blinkende Mützen oder ein Rentiergeweih auf dem Kopf.

Wie anders nun alles ist! Nichts ist mehr selbstverständlich. Und heute ist es auch noch grau. Ich brauche nicht viel. Und ich erledige alles so schnell es irgendwie geht.

Als ich mit eiligen Schritten zurück zum Parkplatz gehe, sehe ich plötzlich ein Kreidebild auf dem Bürgersteig.
Kleine Glöckchen, und dazu in heller Schrift: „Kling, Glöckchen, klingelingeling"…
„Lasst mich ein, ihr Kinder", ergänze ich im Geiste, und höre, wie die Melodie in mir weiterklingt. Ich gehe weiter und summe nun leise vor mich hin.

In einer Passage finde ich ein weiteres Lied: „Ihr Kinderlein, kommet!" Dazu sind ein paar Kinderbilder auf die Steine gesprüht.

Und in der nächsten Straße schimmert es rosa: Ein Tannenzweig, eine Rose. Dazu: „Es ist ein Ros entsprungen …"

Fünf Adventslieder sind es bis zu meinem Parkplatz, ein richtiges kleines Konzert. Die Lieder klingen weiter in mir.

Da war wohl ein Engel unterwegs, denke ich. Mit Liedschablone und Sprühkreide.
Und hat meinem Tag Farbe verliehen und Melodien.

Himmlisch

Heimlich und leise
wunderbar weise
Lichtglanz gestreut
Menschen erfreut.

Gebet: Vor Liebe leuchten

Gott, du Ewige,
einmal vor Liebe leuchten,
von innen, so,
dass jede:r es sehen kann.

Nimm mir die Angst.
Bring meine Dunkelheit
zum Schimmern.
Und meine Augen
lass strahlen.

Verwandle mich
durch dein Licht.

Segenswunsch: Mitten im Finstern

Ich wünsche dir Mut,
dem Licht zu trauen,
auch dem eigenen.

Beiseite räumen,
was es verdunkelt
oder bedeckt.

Staunen lernen
über das,
was in dir glänzt.

Und dann:
Leuchten
mitten im Finstern.

Wege weisen
zum Kind.

Quellenverzeichnis

Die Jahreslosung und Monatssprüche 2024 hat die ÖAB auf ihrer Jahrestagung vom 22.-24.2.2021 festgelegt.
Ökumenische Arbeitsgemeinschaft für Bibellesen (ÖAB): www.oeab.de, info@oeab.de.

Alle Bibelverse sind, soweit nicht anders angegeben, entnommen aus:
Lutherbibel, revidiert 2017, © 2016 Deutsche Bibelgesellschaft, Stuttgart (in den Texten abgekürzt mit L);
Einheitsübersetzung der Heiligen Schrift © 2016 Katholische Bibelanstalt, Stuttgart. Alle Rechte vorbehalten (in den Texten abgekürzt mit E).

BasisBibel, © 2021 Deutsche Bibelgesellschaft, Stuttgart (in den Texten abgekürzt mit BB)

Andere Zeiten e.V. (Hg.), Andere Orte, 3. Auflage, Hamburg 2019.

Ewald Arenz, Alte Sorten, 7. Auflage, Köln 2021, S. 108ff.

Tomas Tranströmer, Allegro, aus:
Ders., Sämtliche Gedichte
Aus dem Schwedischen übersetzt von Hanns Grössel
© 1997 Carl Hanser Verlag GmbH & Co. KG, München.

Marcel Reich-Ranicki, Mein Leben, 9. Auflage, Stuttgart 1999, S. 527ff.

Tina Willms, „Lieben" und „Osterengel" aus: dies., Momente, die dem Himmel gehören. Gedanken, Gedichte und Gebete für jeden Tag. © 2021 Neukirchener Verlagsgesellschaft mbH, Neukirchen-Vluyn, S. 16, 190.

Erwähnte und verwendete Internetseiten

https://www.livemusicnow-berlin.de/yehudimenuhin/, Zugriff am 01.03.2023.

Notizen

Notizen

Notizen

Notizen